求真集

西南大学文学院『教授午餐会』学生文集

第一辑

王本朝　胡建军／主编

张春泉　邓洪波　曾　馨／副主编

西南师范大学出版社

国家一级出版社　全国百佳图书出版单位

图书在版编目（CIP）数据

求真集：西南大学文学院"教授午餐会"学生文集．第一辑 / 王本朝，胡建军主编．— 重庆：西南师范大学出版社，2021.9

ISBN 978-7-5697-0455-6

Ⅰ．①求… Ⅱ．①王… ②胡… Ⅲ．①汉语－语言学－文集②中国文学－文学研究－文集 Ⅳ．① H1-53 ② I206-53

中国版本图书馆 CIP 数据核字（2021）第 169263 号

求真集：西南大学文学院"教授午餐会"学生文集第一辑

QIUZHEN JI: XINAN DAXUE WENXUEYUAN "JIAOSHOU WUCAN HUI" XUESHENG WENJI DI-YIJI

王本朝　胡建军　主编

张春泉　邓洪波　曾　馨　副主编

责任编辑：何雨婷

责任校对：王玉竹

装帧设计：闰江文化

排　　版：瞿　勤

出版发行：西南师范大学出版社

地址：重庆市北碚区天生路 2 号

邮编：400715　市场营销部电话：023-68868624

经　　销：新华书店

印　　刷：重庆市正前方彩色印刷有限公司

成品幅面尺寸：148mm × 210mm

印　　张：4.75

字　　数：120 千字

版　　次：2021 年 9 月　第 1 版

印　　次：2021 年 9 月　第 1 次印刷

书　　号：ISBN 978-7-5697-0455-6

定　　价：48.00 元

前言

PREFACE

2016年9月，在王本朝院长的倡议下，西南大学文学院持续举办了“教授午餐会”活动，即在学院的安排组织下，教授与学生在禾丰楼共进午餐，师生于轻松氛围中畅所欲言，充分交流，学生在知心教授的教导下求真。

本系列活动基本达成了举办初衷：引领学生（尤指本科生）的学业，丰富学生的课余生活，加强教授（含副教授）与学生的互动，真正落实“三全”育人。

近四年来，文学院共举办活动逾百场，学生收获满满。

本书收集了学生参加“教授午餐会”后的心得文章，包括学术论文和活动感言。

本书所收的学术论文包括文学院近三年来“学术论文大奖赛”的部分获奖成果，涵盖了中国语言文学的多个领域。本书所收的活动感言，反映了学生的真情实感。这些作品或许还有些稚嫩，但都见证了学生的成长历程。

目录
CONTENTS

二、语言类

三、学科教育类

四、影视戏剧类

第二篇 “教授午餐会”感言

后 记

第一篇

学术文章

一

现当代文学类

论老舍短篇小说中的叙述视角和作者意识

□ 孟 卓

摘 要:老舍的短篇小说蕴含着充沛的作者意识。老舍不同的内在创作动因导致作者意识定位的多样性,而后者影响和决定着老舍短篇小说中叙述视角的选择,使作品具有篇篇各异的阅读效果。作者意识之定位的不同,统一于老舍"寓热烈于清浅"的艺术风格。

关键词:老舍短篇小说;作者意识;叙述视角;阅读效果

在小说作品的背后,作者的影子总是依稀可见。从一定程度上,小说故事本身就是作者意识的投射。

作者意识,可指一种阅读方式,读者可通过它转换到作者视角阅读文学作品,揣摩作者的创作意图和心理变化,进而破解小说的内容和形式是怎样融合的。而在本文中,作者意识代指作者存在。

老舍的短篇小说以其鲜明的个性和多变的叙述角度区别于同时代的其他作品。而以老舍之于文学创作的强烈冲动,作者意识必然可于其作品之中找寻到。过去学界对老舍短篇小说的叙述视角选择已有论及:以人物为中心的外视角的双向流动的叙述方式。

阅读是作者与读者之间的沟通,而沟通效果既取决于作家的写作技巧,还有作者意识的介入与引导,不同叙事方式选择背后的作者的思想状况及其影响下形成的小说结构和功能。前人研究大多从作者和作品角度论述其叙述视角的选择,而很少涉及读者感受。因此,本研究首先根据老舍短篇小说所运用叙事视角的不同,分类探讨其短篇小说作品中作者意识的定位。同时,本研究从读者角度分析由此产生的阅读效果,再联系老舍的艺术风格分析其选择叙述视角和对作者意识做出不同处理的内在动因,便于读者或学习者从作者意识角度解读老舍的短篇小说。此外,本研究也可被视为开辟语文学科小说教学新角度的尝试。

本文采取的叙述视角分类依据是叙述者能力,即"全知叙述观点"和"限知叙述观点",下文简称"全知视角"与"限知视角"。正文前两节以此分类阐述上述问题,而由于第三节所述作品叙述视角选择的混合,笔者将其单独成节加以论述。

一、全知视角与隐性叙事

全知视角,也称上帝视角,是小说常用的一种纯客观叙述视角。在全知视角下,作者自身似乎从文本中抽离,但他对作品中过去、现在和将来发生的一切了如指掌,不仅可以洞悉小说中人物的内心活动,甚至还介入作品中对事件和人物等进行评论。全知视角还可根据叙述者的不同态度分类,有些通过人物的语言和思想活动表达对某种事物或现象的看法,即"评论式";有些只客观呈现故事,即"客观型"。

老舍的短篇小说有一小部分属于此类,多见于后期创作且数量呈递增趋势，如《上任》《哀启》《新韩穆烈德》《"火"车》等。在这类作品中，显性叙事者的缺位使故事的拟真性增强，作者意识被"无痕化"，形成隐性叙事，作者成为文中的隐性叙事者。这样的叙述视角形成的阅读效果寓深刻于客观，留下多元空间，即把一切思考的可能性交给读者，给读者极大的再创作空间，但也不免造成一定的阅读障碍或不可控性偏差，且相对排斥读者与作者之间的沟通。

《上任》是一篇较典型的老舍式讽刺小说。在全知视角下，它的讽刺不露痕迹，没有过度的主观倾向，作者"冷眼旁观"，却让读者回味无穷——这靠的是老舍运用心理刻画的工细与匠心。通过心理描写构建人物形象，达到幽默讽刺的效果是老舍小说中常见的技巧，如《骆驼祥子》中祥子面对虎妞时的心理刻画，而《上任》这一篇将人物心理运用到极致。小说通过亦官亦匪的尤老二上任后短短几天内发生的丑剧，揭示了那个以匪治匪的社会的混乱和黑暗。通过大量人物对话和内心独白，作者以全知视角向读者全方位展现了整个事件的过程和尤老二的心理活动却不加以解释，等于抛出一团缠乱的毛线，等待读者将它理清并找到最开始的线索。文中尤老二有两个主要心理：一是他外官内匪，当官之后刻意想把匪气藏起来，处处显出官气来；二是他爱钱如命又贪生怕死。老舍克制而含蓄的讽刺隐约浮现于字里行间，读者很容易就能看懂这细致的心理描写下蕴含的社会现实，并对此产生自己的思考，使作品言有尽而意无穷。

不说，即是说。这是老舍的创作特色。

到了《哀启》中，老舍又是另一种"冷眼旁观"——平和却有力的悲鸣。

《哀启》有三个主要人物："吃瓦片"的金紫良、穷苦的洋车夫老冯和胆小怕事的任巡长。求助金紫良救儿子的老冯，在儿子被“虾仁”撕票后，终于不再懦弱，手刃绑匪为儿子报仇。文中的老冯变“硬”之后发现，“虾仁”、金紫良和任巡长原来如此“软”。老舍借老冯这个弱势群体成员由软弱到反抗的故事，告诉读者即使是最普通的中国百姓也应该有硬骨头这一深刻主题。故事是惨痛的，尤其以老冯的儿子大利被撕票的情节最让人惊惧、悲恸、愤怒；但老舍没有一把鼻涕一把泪地写，他甚至跳过了这个残忍情节的细致描写，使用蒙太奇手法，隐晦地表现人物意识的流动。他采用电影分镜头式的叙述方式，从一个人物的主场过渡到另一个人物的主场，不拖沓，不滥情，使得小说情节明晰，重点突出，如话剧一般。作者意识既是隐性叙事者，也与读者一同旁观人物的悲欢离合。他冷静而平和，不是冷血无情，而是知道哭天抢地没用。完全的真实可以震撼人心，却不一定打动人心。把思考和阅读的空间交给读者，这是老舍的高明之处。

《新韩穆烈德》中有一警句：“他不必鼻一把泪一把地替他们伤心，用不着，也没用。”从中，我们可以看到的不仅是老舍较为克制的作者意识参与，更是其客观冷静的叙述心态。笔者认为，这与他选择全知叙述视角的内在动因在一定程度上契合，且二者相辅相成。

二、限知视角与价值引导

限知视角，也称直接叙事或限制叙事，即叙述者以第一人称或第三人称出现，不仅作为叙述者出现，还是作品中的某个人物，始终作为作品事件的参与者或见证人。该视角适用于故事、情节、人物、主题相对集中和单一的短篇小说。本节仅讨论老舍短篇小说中以第一人称“我”为叙述视角的作品。

在限知视角下，作者意识半“外显化”，可以小于、等于或大于叙事者，进而显现不同的阅读效果。作者可通过“我”的价值判断引导读者，表达或暗示思想主题与情感，甚至用“我”的行动推动情节发展，能与读者达到很好的沟通效果。这样的叙述视角形成的阅读效果是：寓热烈于冷静，读者价值取向易被引导。

一方面，由于视角集中于“我”这一适于读者代入自身的角色，小说的心理真实感会得到增强，形成一种叙事者“上位”而作者“缺位”的假象；但同时，由于视角单一，时空变换、人物立场表达以及叙事者“我”的形象塑造都受到很大限制，有时故事的拟真性会受到相当程度的破坏，形成“千人一面”或不尽真实的阅读感受。另一方面，集中于“我”这一角色的作者意识，由于价值导引的倾向而易被读者知觉，在促进读者与作者沟通的同时，也难免导致作者意识“透明化”及作品美感的丧失。

随着创作经验的积累，老舍尽量对这一点做出规避。这一点不仅体现于老舍对故事情节与时空关系设置的优化、补叙技巧的运用和个别作品中限知视角的突破，还有其对自身叙述视角偏好有意识地调试与扭转。

在老舍的40多篇短篇小说中，该类作品约有20篇，且佳作频出。由下表可知，该类作品的创作呈递减趋势。这也是由于老舍意识到了限知叙事会破坏故事拟真性的不足，从而转向全知视角写作。这一点已经有相关研究，笔者在此不加赘述。

作品集	出版时间(年)	作品总篇数(篇)	限制叙事作品篇数(篇)
《赶集》	1934	15	10
《樱海集》	1935	10	5
《蛤藻集》	1936	7	1
《火车集》	1939	9	2
《贫血集》	1944	6	0

根据“我”即作者意识对故事的参与程度，笔者将老舍的短篇小说大致分成两类：

一是边缘型。如《听来的故事》中的“我”只是引出真正讲故事的人——宋伯公。文中的“我”并没有参与主要故事情节，却有引导读者和推动情节发展的作用。作者在“我”与宋伯公的对话中，将自我意识藏于宋伯公背后，通过宋伯公之口点出主题。文中的“我”是第二转述者，是转述者的传话者，有一点儿元叙事的味道。在《马裤先生》中，“我”更像是一个道德审判者，对马裤的卑劣品行给予讽刺，但并没有直接进入故事情节。

老舍这一类作品不多，更多时候“我”都参与了故事，“我”的一哭一笑时时牵动着读者的情感变化。

二是中心型。“中心”即参与故事核心情节。无论“我”是故事主角(这种情况很少)，还是一个参与者或转述者，“我”的背后都隐藏着作者的自我意识，作者自身的情感体验和道德判断在文中也有体现。

老舍的这一类作品有很多。《大悲寺外》中的“我”作为黄先生的学生，是黄先生与丁庚两人悲剧的见证者，也是推波助澜者。在《柳家大院》中，“我”是柳家大院的一员，有朴素的正义感，目睹了“文明”下的丑陋人性，参与了故事情节，并成为道德的审判者。在《微神》中，以“我”的回忆贯穿全篇，“我”是故事的主角、叙述者，也是作者本人的化身，情感的强度与感染力无须赘言。除此之外，还有《柳屯的》《黑白李》《兔》等篇目。

吴小美在《老舍小说十九讲》中评价《哀启》时说，老舍在这里摆脱了“五四”小说中常见的“我”的文人化的主观倾诉性——笔者在此，并非认为凡以“我”为叙述视角的小说均如此，事实上老舍有许多小说也多以“我”为叙述视角；只是认为，老舍的小说虽然都有许多自己的人格站在里面……在这里，老舍用的完全是讲述的技巧，他淋漓尽致地发挥了“显示”的讲故事的天才。这段话涉及对老舍全知视角使用的评价，还有其短篇小说的另一叙事类型——以“我”为叙事视角，即限知视角中的第一人称使用。那么，在第一人称限知视角下，老舍作者意识对叙事的参与方式及其内在动因何在？

在某种程度上，老舍采取限知视角和全知视角的目的相同，都是制造一种“伪饰”。这种“伪饰”不会表现出强烈的感情而能充当冷眼旁观者，“寓热烈于清浅”，使读者自然接受最真的现实，回味无穷。这两者的区别在于文中一旦有了“我”的参与，这“冷”就仅仅体现在老舍的一种平和冷静的文学呈现方式上，而作者意识的介入相比起来必定有所增加，情感浓烈又似乎很淡；“旁观”也只表明“我”对故事的转述和这一人物设置对读者的引导，而“我”背后的作者意识已经身在其中了。

老舍的目的就在于坚持叙事原则的同时，增加价值引导，降低叙事难度。在老舍冷静的叙述心态下，这样的作者意识定位既不打破“清浅”的叙事效果,又增加了对读者的“深刻”价值引导。此类叙述视角和作者意识的处理方法既能达到作者价值引导的目的和相应的叙事效果,又因为“我”这一角色心态的主体性而降低了叙事难度,因此老舍在写作初期大量使用这一方法。

此种方法的不足在于:一是作者意识过度“透明化”一定程度上会造成文本解读多样性及艺术美感的减弱;二是同一个作家多次使用第一人称自叙,极易因叙述话语的艺术化而牺牲叙述者的独特性,导致千人一面,如老舍的《兔》中,“我”是串联整个故事的叙述者,为了情节的发展,“我”要不断变换场景,寻找理由与主人公发生交集,不免牵强,使读者与情境的贴合度降低。而老舍此类小说塑造的“我”通常脱离不了力量微薄的小知识分子这一平面化、类型化形象,如《月牙儿》《阳光》。

道德指向与判断是一个作者社会责任感的体现。这一点在老舍身上体现得淋漓尽致。许多故事中各个不同的“我”,对其中的人与事进行道德审视与审判,产出的许许多多富有哲思的人生经验,也就是老舍自身对特定社会现实的道德思考与判断。老舍通过“我”的价值审视来引导读者关注到某些现象,并进行深刻的思考,这也是文学对于时代和人类最大的价值。

三、与人物融合的作者意识

老舍短篇小说中作者意识体现的另一种方式为付诸故事中的人物。这里的“人物”排除了第一人称和第三人称的限知视角叙述者所充当的角色,而是指处于故事中心的人物。

由于这类作品的叙述视角选择与上述两类均有重合，因此本节单独论述作者意识定位形成的阅读效果，而不考虑叙述视角这一因素。

当作者意识与故事人物融合，作者借人物之口表达的思想情感就更带了反思的意味。这样带有作者的强烈个人色彩的叙述方式通常采用极细腻鲜活的心理刻画，阅读代入性极强；但人物背后充沛的作者意识与情感介入依旧没有违背老舍克制而深刻的创作原则，叙事方式的特异性反而造成作者意识的相对隐晦，一定程度上增加了读者揣摩创作意图的难度和多元性。从另一角度思考，作者意识的隐晦性和多元变异为作品蒙上一层神秘的面纱，使其具有千人千面、常读常新的思想内容和丰富的解读价值。

笔者认为，老舍采用此类作者意识处理方法的内在驱动是自然发生的。作者创作小说总是从自己熟悉的环境写起，塑造人物也会先以自己或身边的人为模子。就像《微神》一定程度上是老舍初恋经历的再现，《正红旗下》是自传式叙事，老舍的其他短篇小说中的某个或某些人物都或多或少有他自身的影子。比如《不说谎的人》的主人公周文祥是虚伪人性的放大，这个生活中细微到难以察觉的人性命题，老舍若不从自身经历出发恐怕很难捕捉。

下面以《老字号》和《断魂枪》为例做具体分析。

《老字号》写了三合祥的大徒弟辛德治在民间经济极度凋敝的情况下，试图靠“老字号”挽救三合祥，最终失败的故事。小说塑造了三个主要人物：钱掌柜——老规矩的坚守者；周掌柜——精明灵活的传统破坏者；辛德治——中间人物。故事以辛德治斗争的失败告诉读者：“老规矩”留不住，再好的“老字号”也挡不住历史的前进。作品进而提出一个世界性的问题：历史前进了，道路就得后退吗？这个问题的答案,《老字号》没有明确给出,实际上老舍已有自己的答案。

《断魂枪》描写了一名叫沙子龙的神枪手。在镖局(武艺)已经失去价值的时代,他选择让自己的绝技"五虎断魂枪"被世人遗忘。镖局代表的是旧时代,五虎断魂枪就是精华与糟粕并存的中国传统。如果说《老字号》写的是被迫放弃传统,那《断魂枪》就是主动、积极地让一些传统被时代埋葬,接下来就是接纳新的事物。沙子龙的"清醒""不传,不传"与其他人的"拒绝清醒"形成强烈的对比,老舍借此告诉我们"东方的大梦没法子不醒了"。这就是老舍给出的残酷答案:纵然道路后退,历史还是要前进。

辛德治与沙子龙仿佛是一个人思想转变的前后期:一个在新旧之间纠结着不愿醒,认识到改变的必要却执迷不悟;一个在残忍的现实面前坚决地做出改变,却还有所留恋。如此复杂而真实的心态都是"老舍的"。这两个人物都是老舍自我的投射,是作者意识的外化。《断魂枪》写于1935年,《老字号》的写作时间不详,所以无法确定这是否反映了老舍历史观的前后转变。但从另一个角度来说,即便在同一个时期,人的思想也是流动的,复杂的。老舍的心态更是如此,一个如此热爱自己民族与国家的人为了"生存"不得不放弃他的根,怎能不犹豫,不矛盾?我们不妨把这两篇看作这种思想的两个具体表现。辛德治与沙子龙或无奈地挣扎,或隐忍沉痛,都是老舍心境的真实写照。而这两篇的区别在于《断魂枪》体现了一种更积极的求变精神。我想这也是老舍对《断魂枪》给予极高的重视,甚至将它改成剧本的原因之一。

这类小说中,作者意识小于叙事者,作者可以与人物真正融为一体,可以酣畅淋漓地通过人物言心声,抒己志。这也许是其选择此种作者意识定位的另一内在动因:价值引导。此类叙事方式既能保障作者的自由表达，即“热烈”；又能对故事的克制感、拟真性与艺术性少有破坏，即“清浅”。老舍之强烈的忧愤、爱国和惶惑在这类小说中得到精彩的物化和加工。只是对于读者来说，揣摩作者意识需要更多努力，但也留下了更加多元的思考空间。

四、结论

不管是采用拟真性强的全知视角，还是代入性、引导性突出的限知视角，老舍的作者意识总是紧紧跟随文本，甚至把自我放进去，具体呈现出隐于外、半外显和隐于内三种阅读效果。

老舍不尽相同的内在创作动因使得不同叙述视角的选择及多样的作者意识定位，二者相互影响和决定，进而又影响着阅读的通畅性与多元化，同时带来了读者深入阅读的驱动力与阻碍，使作品具有篇篇各异的阅读效果。而这些彼此不同又统一于老舍坚持的“寓热烈于清浅”的艺术风格，及其保持冷静的叙事效果，同时成为对读者进行价值引导和情感沟通的内在动因。忽略了这些相异点和共同点，读者难以读出经典的经典之处，学者难以发现新异之处，教师也难以创新于阅读教学的课堂。

因此，笔者认为本研究成果可应用于中小学语文学科教学实践。教师可以带领学生从读者角度透视小说作品内部的作者意识和深刻意蕴，感知作者的创作过程，甚至尝试进行创造性的模仿与实践。这就突破了以往小说教学分析“三要素”的僵化“套路”。

参考文献

[1]侯素琴.论小说叙事学中的叙述视点、视角与聚焦[J].求索,2012(6).

[2]逄增玉.老舍短篇小说的叙述视角与功能[J].广东社会科学,2014(6).

[3]吴小美.老舍小说十九讲[M].桂林:漓江出版社,2009.

论沈从文笔下“白脸长身”的男子形象

□ 宣明珠

摘　要：沈从文是研究现代文学绕不开的一位作家，在他的小说中刻画了诸多男性形象，本文重点讨论其笔下“白脸长身”的男子形象。以沈从文的《龙朱》《神巫之爱》《媚金、豹子和那羊》为例，笔者从有距离感的民族文化、生命的孤独性和建构人性小庙的期望三个方面来研究这一类形象产生的原因。

关键词：沈从文；白脸长身；男子形象

在沈从文的《龙朱》《神巫之爱》《媚金、豹子和那羊》中，主角都是长相相当完美、漂亮的男子，如白耳族的龙朱：“族长儿子龙朱年十七岁，为美男子中之美男子。”又如凤凰族的豹子：“凤凰族相貌极美又顶有一切美德的一个男子。”这一类男子，外貌往往偏女性化，但他们的气质却坚强果断。

这一类男子外貌女性化，不可否认一定程度上是沈从文自己的投射。许多人对沈从文外貌的印象是个子不高，戴一副眼镜，长得斯斯文文，脸上总挂着微笑。沈从文也承认自己的气度得于母亲的较多，同时他具有四分之一的苗族血统，所以他笔下的男子形象大多来源于少数民族,会唱山歌、跳舞等。而本文从有距离感的民族文化、生命的孤独性和建构人性小庙的期望三个层面来分析沈从文创造这一类形象的原因。

一、有距离感的民族文化

沈从文的家乡湘西受到楚文化的影响极深,故而其文化有着温婉和娱神嬉鬼的成分。《神巫之爱》中写神巫做完法事后人民的感应:“神巫歌完锣鼓声音又起,人人拍手迎神,人人还呐喊表示欢迎唱歌的神的仆人。神巫如何使神驾云乘雾前来降福,是人不能明白知道的事,但神巫的歌声,与他那种优美迷人的舞蹈,是已先在云石镇上人人心中得到幸福欢喜了。”各种祭祀活动,在巫歌傩舞的表演形式中,既强化了一个民族的凝聚力,又激发了个体被压抑了的生命热情,同时在男女对唱山歌的过程中,让歌声弥补社会交往的不足,沟通了本民族山民的精神和情感,人们的血缘亲情和民族意识得以强化,由此而形成湘西极强的民族内聚力,形成族内乃至族际关系的和谐。

这一类“白脸长身”的男子受族人敬仰,甚至成为他们中的神。远离世俗生活,正是湘西地区有距离感的民族文化的体现。沈从文所生活的时代,中华民族饱受西方列强的欺凌,由于文化、科技、经济各方面的落后,东方文明古国不得不学习西方的科学文化,即所谓后发达国家“被动现代化”。而滋养了沈从文的苗族文化,相对中原地区的文明形态,本身就是边缘化的。因此,中国当时的被动现代化过程对沈从文这样一个拥有少数民族血统的作家来说,产生的是因文化挤压造成的双重焦虑和失语。在这个意义上，沈从文将湘西文化中的非理性、原始、健康的因素加以挖掘和升华，与现代化带来的都市文明病相抗衡，是希望“借文字的力量，把野蛮人的血液注射到老迈龙钟颓废腐败的中国民族身体里去使他兴奋起来，年轻起来，好在20世纪舞台上与别个民族争生存权利”。

楚文化在精神层面上带有较多的原始成分、自然气息、神秘意味和浪漫色彩。由于楚建国之时错过了周公制礼作乐的文化革新，它将夏商文化与南方土著文化融合成了一种亦夏亦夷、非夏非夷的文化，保留了较多的带有原始宗教与自然宗教色彩的巫祭傩舞，构成了一种带有浓郁巫魅色彩的文化。由于历史的原因，湘西的生产力水平和科学文化水平相对低下，作为化外之民，在湘西人民的观念中，较多地存留着原始宗教信仰，万物皆有灵，“大树、洞穴、岩石，无物不神。狐、虎、蛇、龟，无物不怪”。因此，“对于自己生活在其中的世界，他们感到既熟悉又陌生，既亲近又疏远。天与地之间、神鬼与人之间、山川与人之间，乃至禽兽与人之间，都有某种奇特的联系，似乎不难洞悉，而又不可思议”。这种自然拜物教和万物有灵观念在今天是不容易被人理解的，他们有拜井神、拜树神、拜石神的习俗。

这种巫楚文化带给大多数读者的是一种距离感，作为具有少数民族血统并受湘西文化滋养的作家，沈从文有着与同时代的大多数作家迥然不同的文化立场。他以湘西世界的原始、野性、质朴、健康为最优美的生命形式，在文学创作中重视人的本能、潜意识、非理性心理因素的作用，反对人的极端理性化和社会化，对现代文明持怀疑态度。巫文化作为正统理性文化边缘潜伏的暗流，既是湘西文化的重要组成部分，又是湘西文化形态原始遗风的某种标志，一直是沈从文常见的小说题材。这正是沈从文非理性精神的突出表现之一——对于文明理性世界看来是迷信的、无法证实、不可理喻的巫文化，沈从文不仅肯定其存在价值，还挖掘出其中的诗性和美感。

沈从文赞美湘西世界中人神共娱的大型酬神活动，肯定其价值，正是因为这种活动能“集收人民的宗教情绪和浪漫情绪”。在沈从文看来，湘西世界尚存的宗教情怀与浪漫情怀正是人类在朝现代化迈进的过程中失去的最宝贵的东西。沈从文在这里传达了他独有的朴素的宗教观念——人应当对自然以及一切有生命之物的庄严、美好怀有敬畏和感激之心，在一定程度上保留宗教情怀。他为的是在理性统治一切的时代潮流下，保留人类的想象力、对美好事物的感受能力，为文学与艺术留下空间，使人类的灵魂不至于过度粗粝和僵硬。

从这种有距离感的民族文化来看，“沈从文身上葆有的是一种近似于昔日三闾大夫的执拗而迥异于历代中原人士的奸佞圆巧的性格和气质”。正是这样一种文化，让沈从文始终做着回归故乡或是远古的梦，在笔底创造出了执着追寻爱情和原始野性的“白脸长身”的男子。

二、生命的普泛性——孤独

从沈从文刻画的这一类“白脸长身”男子形象中，可以看出人物美丽外表下的孤独、人与人之间的隔膜。沈从文认为自己的作品在市场上流行，实际上近于买椟还珠，人们会欣赏故事的清新和文字的朴实，却忽略了作品背后蕴藏的热情和隐伏的悲痛。

美有时不免叫人伤心。龙朱其实是寂寞的，“龙朱在本地方远远近近，得到的尊敬爱重，是如此。然而他是寂寞的。这人是兽中之狮，永远当独行无伴”！这一类美丽近如神明的男子所面对的，不是女子对其疯狂的追求，就是不敢靠近的敬畏之心。

在《神巫之爱》中，“他因为做了神之子，就仿佛无做人间好女子丈夫的分了。他知道自己的风仪是使所有的女人倾倒，所以本来不必伟大的他，居然伟大起来了……他不愿意把自己身心给某一女人，意思就是想使所有世间好女人都有对他长远倾心的机会。他认清楚神巫的职分，应当属于众人，所以他把他自己爱情的门紧闭，独身下来，尽众女人爱他”。作为一名神巫，他失去了作为一名丈夫的可能。

独自出生，独自离世，人都是孤独的存在。而心理学认为，人类是群居动物，对一个群体产生很强的热爱感情，进而产生了强烈的依赖性。当一个人被别人排除在外的时候，他就会因得不到心理的依赖感而出现不满足的情绪，这种迫切的满足感即为孤单的体现。其实当一个人独处的时候，人本身就会表现出孤单的状态，这是来自人内心深处的真实感受。而龙朱、神巫等一系列男子，他们善良、诚实、美好，却不得不成为孤独的人，这是沈从文内心的写照，“海边那么寂寞，他培养了我的孤独心情。海放大了我的感情与希望，且放大了我的人格”。作者写出一类人的孤独，其实是写出了孤独是人类的普泛性。

沈从文是在由湘西保留的楚文化哺育下长大的，因此，当他走出湘西后，始终“以‘乡下人’的眼睛看世界，便立即感到与社会一切现存观念与秩序的不相适应”。但是“他执意走自己的路”，这种孤独，也是他独自走上文学之路，始终难以真正进入城市的感受。

三、寄寓“人性的希腊小庙”的期望

沈从文在《从文自传》中说:“我只想造希腊小庙,选山地做基础,用坚硬石头堆砌它。精致,结实,匀称,形体虽小而不纤巧,是我理想的建筑。这神庙供奉的是‘人性’。”在他的笔下,这类美丽的男子形象热情、勇敢、诚实、善良,寄寓了沈从文对于建构人性希腊小庙的期望。

白耳族的龙朱,他渴望爱情,但他从未去强求过什么,当奴隶告诉他那个与他对歌的女子是谁并说“主若想要,我们就差人抢来!”时,龙朱生气地回答:“给我滚了吧,矮子,白耳族的王子是抢别人家的女儿的吗?”这是他的善良与正直。当龙朱在奴隶的引导下与花帕族的女子对歌后,他便痴迷地到处寻找,并向天发誓:“我龙朱不能得到这个女人做妻,我永远不与女人同眠,承宗接祖的事我不负责!若爱情必须用血来调换时,我愿意在神面前立约,我如得到她,砍下一只手也不反悔!”这是他作为男人最血性,对于爱情最勇敢的一面。龙朱发完誓后,便梦到那个花帕族女子缓缓唱歌而来,作为白耳族王子的龙朱竟然屈膝膜拜,见女子要走,连忙拉着女人的衣裙,女人回过头笑了,龙朱便“勇敢了,这王子猛如豹子擒羊,把女子连衣抱起飞向一个最近的山洞里,龙朱做了男子,把最勇武的力、最纯洁的血、最神圣的爱,全献给了这个梦中的女子”。这是龙朱最率真、最诚实,也是最血气方刚的一面。

在《媚金、豹子和那羊》中,豹子和媚金视爱情高于生命,体现了沈从文所认为的“理想的爱情是对古老湘西往日的一种留恋”,对爱与美的追求与对现实世界的失望产生的冲突,正是沈从文希望从更深的层次来怀念自己故乡纯朴、宁静的方式。在夏志清看来,“沈从文往往把这些土著美化了”，“我们即使从文字中也可看出他这种迷恋牧歌境界与对事实不负责的态度”。而这种情况体现出的是沈从文努力建构人性神庙（即理想中的湘西世界）的过程。

沈从文刻画这一类年轻男子，是为了将苗文化中热情、勇敢、诚实、非理性的元素注入当时“老龄化”的现有文化中，唤醒全民族的勇气和信心、觉醒和新生。同时，龙朱、神巫、豹子他们寻找爱情的方式，体现了爱与美结合的婚恋形式、外在美与内在美的统一性。这种爱与美完美结合的婚姻形式，与现代文明社会温情脉脉面纱下的无爱婚姻形式形成鲜明的对照，从中显示出沈从文的生命价值取向与生命理想——“为人类‘爱’字做一度恰如其分的说明”。

沈从文“认为人类若要追求更高的美德，非得保留如动物一样的原始纯良天性不可”。天真未凿，但很快将要迈入成人社会的少女；陷入穷途绝境，但仍肯定生命价值的老头子；白脸长身，为追求真正的爱情付出生命的男子——这都是沈从文用来代表人类纯真感情和一种不妥协的美的象征。

四、结语

在描写这一类“白脸长身”的男子形象时，不可否认，沈从文用了理想主义的手法，在《习作选集代序》中他写道：“我实在是个乡下人，说乡下人我毫无骄傲，也不在自贬，乡下人照例有根深蒂固永远是乡巴佬的性情，爱憎和哀乐自有它独特的式样，与城市中人截然不同！他保守，顽固，爱土地，也不缺少机警，却不甚懂诡诈。他对一切事物照例十分认真，似乎太认真了，这认真处某一时就不免成为‘傻头傻脑’。”沈从文如同他笔下的龙朱、神巫和豹子一样，保持着“乡下人”的刚气和血性，保全了做人的原始血性和骄傲，肯定了人类纯真的情感和完整的人格。

沈从文始终描摹着自己对人类美好世界的幻想与健美野性的生命形式，他试图让这种自由奔放的生命、有距离感的民族文化融入那个时代，让那个时代的生命活跃起来，奔腾起来，正如他在《水云》中写的“寄托狂热的脆弱中见神性的笑语与沉思”。

参考文献

[1]林乐齐.沈从文小说[M].杭州:浙江文艺出版社,2007.

[2]周仁政.巫觋人文——沈从文与巫楚文化[M].长沙:岳麓书社,2005.

[3]沈从文.从文自传[M].北京:人民文学出版社,2017.

梦境抑或真实？

——王小波对生命存在的追问

□ 唐建钦

摘　要：王小波在小说和杂文中不停地追问，不倦地思索：生命存在本身究竟是何物？梦境抑或真实？真实的无趣与梦境的有趣形成对照，梦境是可实现的，追求有趣是进入梦境的途径。梦境不是虚无主义的化身，而是主动寻求意义的去处。在梦境中改变自我世界的真实，在反抗中完成超越。这样的生命存在是一个开放的空间，指向未知之境，不向虚无投降，一直战斗到死。

关键词：王小波；梦境；真实；追问；存在

一、追问与寻求

王小波小说的独特之处是主人公总是在沉思，对已经发生的事抱有怀疑态度，对未发生的事又老是想入非非。真实与梦境的问题是王小波小说主人公一直在思考的。真实与梦境是两个维度的事物，但陈清扬等人妄图打通它们的界线，或者游走于不同的梦境之间，而真实是他们不得不面对的。

不断追问生命存在的真相，这正是王小波作品中诗意建构的重要过程与表现。生活总是让人感到无力，王小波反对这种无趣的生活，它本质上是被操控的生活，是不自由的生活。他试图通过讲述过去来发现现世的生存真相。一切记忆，相对现在的生活逐渐模糊化，但它的确曾经发生过，仍然清晰地存在着。因此，王小波不断怀疑、追问与反思，织成一张梦境与现实交织的网。为了脱离无趣的生活，寻求有趣是抵达神奇之境的途径。

纵观关于王小波的研究，有一批可喜的研究成果，但仍有薄弱部分存在：解读王小波及其作品仍有很长的路要走。

现有的关于王小波小说的研究多集中在思想文化方面，符号性过强，对王小波的小说做纯粹的文本阅读的研究相对较少，更多的是关于狂欢化叙事、戏谑姿态和自由主义精神，而思考生命的真假虚实是他生命哲学的重要环节，也有深入研究的巨大空间。本篇论文以此为着力点试图梳理出一条王小波不倦追求“有趣”的线索。王小波拒绝遗忘，因为那意味着失去记忆，也失去全部“自我”的凭据；更拒绝以一种后设的政治视角进行简单的价值评判，而是在完全的叙述之中追问，试图寻找到真相。“遇见一些有趣的人和事”与“把小说写得好看，别的就不管”，是王小波生命哲学和文学理念在“有趣”上的重要体现。正是在怀疑、追问与反思之中，他逐渐形成他的“有趣论”，并言行合一，把文章和小说写得有趣。

二、真实与梦境

(一)无趣与有趣的断裂

在《黄金时代》中,陈清扬为了王二口中的“伟大友谊”献身,她简直为了这伟大友谊着迷,但事实上王二只是为了引诱她才找出这么一个借口。至于这“伟大友谊”是真是假,王二说:“其实伟大友谊不真也不假,就如世上一切东西一样,你信它是真,它就真下去。你疑它是假,它就是假的。我的话也半真不假。但我随时准备兑现我的话,哪怕天崩地裂也不退却。”这样亦真亦假的态度让陈清扬不清楚那“伟大友谊”是处于梦境中还是现实世界中。后来陈清扬来到山上寻找王二是因为她疑心眼前的一切都是骗局。当带着怀疑与美好的幻想在山上找到王二时,陈清扬只想大哭一场,但是哭不出来,眼前的王二就是所谓的真实。那一瞬间她明白了真实与梦境不可连接的真相,而真实又是这样的丑陋,她决定接受它,并且内心快乐异常。“陈清扬说,人活在世上,就是为了忍受摧残,一直到死。想明白了这一点,一切都能泰然处之。”在这里,真实是丑陋,梦境是美好,两者不可连接。

《黄金时代》中的陈清扬思考的是存在还是虚无,而在《红拂夜奔》里的王二则醉心于做各种各样的梦,冥思苦想要把费尔马定理证出来,并且他把这个梦叫作真实。换言之,他已经真正进入那个梦境之中,梦境也变成一个合情合理的眼前的世界。“在我看来,大千世界芸芸众生,无不在做白日梦。乞丐在做黄金梦,光棍在做美女梦,连狗都会梦到吃肉而不吃屎。一个数学家梦想证出个大定理,也是合情合理。在这个世界上总有一点可能梦想成真,但也可能不成真就到了梦醒时分。我们需要这些梦,是因为现实世界太无趣。我现在已经没有了梦想,但还活在世上;因此风尘三侠逃出了洛阳城,故事还远没有结束。"王二知道真实是什么,但他不喜欢自己的生活仅仅是眼前的无趣的世界。于是他梦想证出费尔马定理,并且说服自己相信那才是自己的真实——生活中除了原有的无趣的真实,还有了有趣的梦境,这不是对生活的逃避,是在对无趣的一切失望之后做出的反击。像他所说:"永不妥协就是拒绝命运的安排,直到它回心转意,拿出我能接受的东西来。"他永不妥协的决心具体表现在做梦,或者说是造梦,给自己造一个有趣的梦境,直到它成为生活的一部分,和真实合而为一。但是他实现了吗?王二在插队时写诗同时为自己可以做个诗人而感到幸福,但是没办法让别人有同样的感受,于是他明白不能当真。"不能拿我所在的这个世界当真,不能拿别人当真,也不能让别人拿我当真。"不能当真,也就是说,他们原本是真的,只是你得把他们当成一个虚幻的梦境。这是被迫出现的一个梦,不是自己选择的梦境,也没有梦境背后的意义——生活的指望;生活是无法改变的,根本就没有指望。后来他成为数学家而不是诗人,费心证明费尔马定理——王二也妥协了,或者说他不得不妥协,因为"没有一件事能让我相信我是对的","也没有一件事能证明我是错的"。

(二)真实与梦境的连接

在《黄金时代》《红拂夜奔》和《革命时期的爱情》中,我们看不清王小波小说中真实与梦境的关联。在《白银时代》中,王小波写道:"'生活'是天籁,必须凝神静听。"但同时又说:"这回这个故事非常真实。它根本就是真事。被人拿刀子逼住,这无疑是种生活。"这看似矛盾,但前者的"生活"是梦境中的加以想象的生活,后者是我们实实在在在过的生活。艺术是梦境之中的，因为“艺术的真谛是叵测”。《白银时代》中的王二是在过写作生活，但其实他想要真正地写小说。而有些人不愿意接受生活的无趣，选择在另一个轨道里“生活”，实质上是在“梦游”，而且你在这个世界上活得越久，就会发现这样的人越多。“梦游”人实则是在真实与梦境之间选择了梦境，也就是说，他们拒绝了真实的世界。但谁又能说这不是另一种真实呢？——选择梦境，让它真实存在。

一般来说，“生活”是寂寞的，但是我们可以有所选择，在索然无味中创造一种令我们满意的生活。就像王小波在杂文里描写的那头猪一样，拒绝生活的设定，摆脱这无趣的规则。白日梦是美好的，在梦里我们可以成为各种各样的人，正如在荒岛上迎接黎明那样，怀着无限的美好使自己成为一个发光体，成为黑暗中的星星，去战胜寂寞。想要梦境成为真实，首先要醒过来，然后不断地试下去，取得第一个胜利，再从一个胜利走向另一个胜利，并且清楚那“胜利是属于我的”。《我在荒岛上迎接黎明》是王小波早期的作品，可以说它是王小波年轻时的一个梦，后来他确实成了一个发光体，他的梦成真了。王小波在后来的小说中对梦境能否成为真实的怀疑，与之前在小说中的梦想成真的笃定不同，其中的原因不乏年龄的增长，不再是年轻时的不容置疑的自信，在经受了生活的摧残之后，他对生活有了新的思考。“似水流年是一个人的一切，其他的只是片刻的欢愉和不幸。”这似乎是在说不管是真实还是梦境都在生活中，一晃而过；但是有些事发生了就不能抹杀，总还有些痕迹可寻。

王小波在童年时常处于痴痴呆呆的状态，让他的家人都认为他很傻，除了他的兄长王小平。王小平是王小波很敬佩的兄长，他曾在杂文里写到他哥哥的智商高他十倍。王小平在《我的兄弟王小波》中回忆王小波看书时听不见外面的声音，只有大力推他他才会“如梦方醒”，那个痴迷的状态仿佛古人所说的“坐定”，陷入了另一个世界。这样专心忘我地读书想必给王小波带来了巨大的震撼，以至于被人推醒回到现实世界中时仍显得呆呆的。

在生活中，王小波似乎也不太像一个普通人。据王小平回忆说有一次王小波去商店买东西，还没出门就把钱掉在地上了，不知道是谁说不要告诉他，过了一会儿他神情沮丧地走回来说：“钱掉了。”大家都笑道：“这个傻波子。”“傻波子”是王小波母亲对他的称呼，并且他的母亲对媒体认真地说王小波的智商在她的孩子中只能算是中等。可以想见，王小波在文学上的才华与他在日常生活中表现出来的傻相差很大。也许是他痴痴呆呆的状态使人不相信他的智商，但这种独特的表现恰好可以说明他在这个现实世界和另一个如梦似幻的世界中游走。他对这个世界的滋味过于敏感，需要另一个世界来帮助他接纳这个世界的荒诞、虚无与苦难。

三、反抗与超越

若按照弗洛伊德的精神分析法来分析王小波小说中的梦境与现实，得到伟大友谊是陈清扬的显梦，幻想破灭，她只能接受赤裸裸的真实。对《红拂夜奔》中的王二来说，证出个大定理是显梦，却没有指望，妥协是结果。得以在一个有趣的世界里生存是他们共同的隐梦。他们之所造梦失败，是因为自己的梦要么被残酷的现实打击，要么被别人施予的梦占领。梦境与现实的交织显现着王小波对生命存在本身的追问和对有趣世界的孜孜追求。

“生存”这个形而下的命题本身就蕴含着形而上的意义，有了梦境之后的生活，是一个诗意的世界。真实破坏诗意，扼制梦境的自由发展和延伸。为此，王小波选择了反抗的姿态和超越的决心。不愿意当别人手里的“行货”，成为自己生活的主宰，同时拒绝冒充权威，拒绝支配和操控他人。有趣是通往理想之境的一种途径，这是个体的、可操作的和可达成的。

梦境不是虚无主义的化身，而是主动寻求意义的去处。正如罗兰巴特语：“在语言中改变世界，这是在梦境中改变自我世界的真实，在反抗中完成超越。”

不论是书里的世界、现实的世界还是梦里的世界，都让王小波明白眼前的世界就是真实的世界，无趣的一切使人绝望；反抗绝望，才有继续生存下去的希望。这样的生命存在是一个开放的空间，指向未知之境，这将是王小波不向虚无投降，“一直战斗到死”的决心的反馈。

参考文献

[1]戴锦华．智者戏谑——阅读王小波[J]．当代作家评论，1998(2).

[2]王小波．黄金时代[M]．北京：北京十月文艺出版社，2017.

[3]王小平．我的兄弟王小波[M]．南京：江苏文艺出版社，2012.

[4]北岛．结局或开始[M]．武汉：长江文艺出版社，2008.

[5]黄平．反讽者说——当代文学的边缘作家与反讽传统[M]．上海：上海文艺出版社，2017.

[6]王小波．沉默的大多数[M]．北京：北京十月文艺出版社，2014.

论刘震云小说中人物取名的策略及文学意义

□ 曾 聪

摘 要:人名是一种文化符号,是小说中人物意义的部分载体。刘震云对小说中人物取名采取了许多策略,游走在褒贬之间,从改名到重名,再到为女性正名,人物取名的策略对其创作有着重要意义。

关键词:刘震云;人物取名;策略;文学意义

人名,是人类特有的社会现象,是民族文化的重要组成部分。作为小说中人物形象的载体,它也是不可或缺的一部分。作为一个人物的标记符号,它间接反映了作者的思维方式和三观等文化信息,具有特殊的意义和研究价值。从20世纪80年代的《塔铺》,到后来的《一地鸡毛》《官场》《单位》等中短篇小说,以及《故乡天下黄花》《故乡相处流传》《故乡面和花朵》等长篇小说,再到最近几年的《一句顶一万句》《我不是潘金莲》和《吃瓜时代的儿女们》,刘震云的每一部作品都引起了巨大的反响。人物取名是小说创作中不可或缺的一部分,其重要性不容忽视。刘震云作品中的人物取名存在规律,对其整部作品乃至写作风格又起着怎样的作用呢?为了解答这些疑惑,笔者将从人物取名的策略入手,进一步探究其小说中人物取名策略背后的深意。

一、人物取名策略

纵观刘震云历年来的小说作品,我们不难发现,其小说中的人物命名具有一定的规律性和普遍性。接下来,笔者将借助人名分类的方式初步探索其中的规律。

(一)人名分类中看普遍规律

为了探究刘震云小说中人物取名的规律性,笔者首先对刘震云笔下的人物姓名依据色彩义进行了分类,以便进行下一步研究。在分类的基础上,笔者将结合文本资料深入地剖析作家采取的人物取名策略的缘起与设计。

1. 名褒实贬

《我不是潘金莲》中的王公道、董宪法、荀正义、史为民,《吃瓜时代的儿女们》中的李安邦、杨开拓、马忠诚,这些人都是官员,名字看似公平正义,却“名”不符实:王公道并不公道,董宪法不懂宪法,荀正义缺乏正义,史为民没有为民的情怀,李安邦与杨开拓做的都不是“安邦开拓”的事儿。人名与人品背道而驰,形成极大的反讽,达到了一种以滑稽的方式反映现实中严肃问题的叙事效果,加重了故事情节的戏剧性与荒诞性。

2. 名字直接含贬义

“孬舅到底是孬舅，一个庸俗的延津村民，没见过大场面，马上露出农民本相，也身不由己趴倒在地，脸贴着尘土，不敢仰视。我立即知道，孬舅原来是草鸡一个，不是大鹰般的英雄。放在什么年代，他都成不了刘邦项羽。”寥寥数笔，便把孬舅的“孬”刻画得淋漓尽致。“孬”指“不好，怯懦”，与孬舅的人格特征吻合。与此类似，还有瞎鹿的“瞎”、赖和尚的“赖”等，名字中直接含贬义词能直接揭露人物的性格，使得人物形象更加鲜明。

3. 名字间接含贬义

这其中又包括几类：

一是借动物名表贬义。在传统文化中，人们对动物有着不同的感情：白蚂蚁是一种害虫，危害林木；刺猬带刺，触碰不得；耗子爱偷东西，咬坏家具——它们都是不讨喜的生物。以白蚂蚁、刺猬、耗子为名的人物在小说中属于相对反面的一类群体，这应该是作者有意而为之。人类身上存在着许多难以驱除的动物性，作者用动物名给人命名的策略旨在用某种动物的特性揭示人物的劣根性，达到人名与人格间的统一。

二是巧改历史人物的姓名表示贬义。在《故乡相处流传》中，作者将曹操改为曹成，将袁绍改为袁哨。原本在正史中严肃的历史人物却在刘震云的笔下笑料百出，荒诞至极。作者对人名的篡改避开了诋毁历史人物之嫌，同时又借古讽今，表达方式特立独行。

三是受“贱名好养”传统观念的影响，人们以家禽、牲畜名称以及一些“屎”“尿”“粪”“蛋”之类的字来为后代命名。在刘震云的小说中也存在诸如孙屎根、猪蛋、许布袋等贱名。在某种程度上，类似于贱名这样通俗的言语正是这几千年来文化的主体，但正史只记录了居于次要地位的官方正统言语。在其历史小说中，刘震云笔下充斥着大量通俗言语，再次让民间通俗言语回到主体地位。

四是以人物的缺陷来给人物命名。柿饼脸、六指、小麻子、麻老六，这些看起来卑贱、鄙俗的人名作为作品的一部分存在于刘震云的艺术世界里。慈禧太后是柿饼脸，陈玉成是小麻子的情节设计更是将庄严的历史人物拉到了卑贱的民间，崇高与卑贱被颠覆，具有了平等的地位。

4. 中性词义

不具褒贬含义的人名也以一定的规律大量存在于刘震云的作品中：

首先，“老/小+姓氏”结构的人名在《单位》《官人》《官场》《一句顶一万句》等作品的人名中占据相当大的比重。仅《一句顶一万句》中，“老/小+姓氏”结构的人名就多达68个，几乎把百家姓搬了上去。大量“老/小+姓氏”结构的人名，“充分体现了作者对人物的一视同仁，同时，也消解了人物个体的身份特性。毋庸置疑，如果这里有其他办法，作者一定会毫不犹豫地取消这些代码，以千人一名、千人一面取代之”。作者通过这种取名策略淡化人的个性，突出集体的气质，以直抵人性的内核。

其次，在刘震云小说中，小孩子较多地使用小名，如《一句顶一万句》中老汪的女儿灯盏、杨百顺的继女巧玲、牛爱国的女儿百慧，《吃瓜时代的儿女们》中牛小实的女儿斑鸠，《故乡天下黄花》中沈姓小寡妇的儿子小麻子。小名在传统文化中是一种爱称，通常用于家族内或亲朋间。在刘震云建构的小说世界中，孩童多不具备人性的复杂性,且力量较弱,多不具备对故事情节发展的阻碍与推动作用,依附于大人的世界,处于被动地位。这些孩童的称呼少了姓氏的束缚,同时也少了姓氏的庇护,显得幼无所依。

最后,依性别而命名,从名字分性别,似乎已经成为人们约定俗成、共同遵守的一种习俗。这种现象无论是在史书上、文学作品中或实际生活中都屡见不鲜,形成一种特殊的人名文化。刘震云作品中的许锅妮、牛小丽、宋彩霞、齐亚芬、吴香香、庞丽娜、章楚红、李雪莲,其中的“丽”“芬”“香”“红”“莲”都是给女性起名最常见的字。近些年来,由于时代的进步与女性的进一步解放,男女姓名中的性别意识逐渐弱化,界线变得模糊;而刘震云在性别角色的选字上,女性与男性之间却依然存在明显差异,使人一看便能分辨出男女。其实,通过阅读刘震云的作品,我们不难发现一个特点,他笔下的女性角色大部分都是以悲剧结局。“刘震云通过人物还道出了它的另一本质,即历史历来是男性的历史。”女性一直备受男权社会压迫,处于被边缘化的状态,作者在人物取名上的策略间接地反映了这种情况依然存在的事实。

(二)特殊现象之改名、重名和正名

除了一些规律出现的取名现象外,我们还能发现某些作者有意而为之的特殊现象,例如人物的改名、重名和正名。

1.改名

《一句顶一万句》中,杨百顺改了三次名字,每一个名字都代表着主人公的一个人生阶段:少年杨百顺、青年杨摩西、中年吴摩西、最后阶段的罗长礼。主人公在寻找一个说得着话的人的同时,不断

地更改自己的名字,这实际上是对他在孤独状态下的一种找寻的隐喻。主人公每改一次名都是对以前生活状态的一种否定,对新身份、新生活的进一步确认。

《吃瓜时代的儿女们》中的牛小丽在省城从事特殊服务业时,曾把自己的名字改成宋彩霞。这意味着当牛小丽进入这个圈子时,她已经成为第二个宋彩霞了——同样是出卖自己的尊严与身体,同样靠欺骗别人挣钱。这时,“宋彩霞”这个名字已经不是其本身的含义了,而在各种人和事的掺合下,变成了一种具有特殊意义的符号,这个符号是具有相同特征的集体群像。

2. 重名

重名,即同名。相同的名字在不同的作品里反复出现,这些人物大都没有什么正经的名字,例如曹成、袁哨、白蚂蚁、白石头、孬舅、猪蛋、六指、小麻子、柿饼姑娘、沈姓小寡妇等,他们的性格并不鲜明,人名存在的意义只是为了和他人区分。作者意图淡化人的个性,突出人的集体共性。“他常表现人物们相近的共性而有意忽略彼此迥异的个性,他所写的显然是这一群而非这一个,个人在他的笔下显然更多是一定文化指令的符号,而不是独立自为的生命个体。”人名在同一本书里的不同时代反复出现,也在不同的作品里反复出现,朝代在更迭,名字不断重复,历史在不断重演循环,人类文明的发展与人类社会的进步却无法在他们身上看出。

还有一种类似于重名的现象也屡见不鲜,即同姓且名中有一字相同。存在这样的情况时,人物之间一般存在某种联系:

第一种是同辈间的血缘关系,如《一句顶一万句》中的杨百顺、杨百业、杨百利三兄弟,还有曹青娥的三个孩子牛爱河、牛爱国、牛爱香，由于血缘关系，他们同姓，且均有一字相同，都是名字中间的字。这实际上是辈分文化上的一种延续，“百”和“爱”虽然都不表示辈分，但是由于家族观念根深蒂固，特别是在农村，所以在给子女取名的时候，中间字相同的方式较为普遍。

第二种情况是不同辈分之间的血缘关系，尤其是父子关系，如《故乡天下黄花》中的村长孙殿元的父亲叫孙老元，李文闹的儿子叫李小闹，李文武的儿子叫李小武，还有《一句顶一万句》里面牛书道的父亲叫牛老道。名字中存在相同的字暗示两人之间的联系，名字的不完全相同又暗示着代际的变迁和时间的流逝。代与代之间，因为作者的设计，形成一个又一个循环，而名字上的联系正是这种循环的隐喻。

3.正名

“名不正则言不顺，言不顺则事不成。”正名者，辨正名分也，使名副其实。《我不是潘金莲》中，主人公李雪莲被污名于丈夫秦玉河一句：“你是李雪莲吗？我咋觉得你是潘金莲？”潘金莲是妖艳、淫荡、狠毒的代名词，无端被冠以“潘金莲”的名号后，李雪莲便踏上了为自己正名的道路。她执拗地在男权社会里追求女性应该得到的尊重与平等。可是，告了20年的状，她的抗争并没有得到好的结局，随着丈夫秦玉河的死，她的告状也无疾而终。这暗示着在男权社会，女性沦为男性附庸的悲惨事实。李雪莲的那一句呐喊“我不是潘金莲”并不仅仅是为她自己一个人正名，而是为处于弱势地位的无数女性正名。

二、人物取名的文学意义

无论哪个方面的策略，都旨在为作品的建构服务。那么，刘震云的人物取名策略对其作品起着怎样的作用？有着怎样的文学意义呢？接下来笔者将从空间与时间两个维度，结合新写实主义与新历史主义两大文艺理论，找寻其人物取名策略的文学意义所在。

（一）取名背后的“延津故乡”

刘震云通过对人物充满地方性色彩的取名，构建了一个独特的“延津故乡”，这与沈从文笔下的“湘西世界”以及老舍的“老北平”有相似之处。他们笔下的人名都有着自己故乡的风味，沈从文写的是翠翠、潇潇、傩送、龙朱，老舍笔下的是常四爷、祥子、二马、虎妞，而刘震云的作品中出现更多的则是瞎鹿、杨百顺、老马、李爱莲。但刘震云的乡土叙事与前两者的传统乡土叙事又有很大的不同，他笔下的故乡没有了传统乡土叙事的温情脉脉，他在文本中割裂了自己与故土的情感联系。沈从文和老舍都是讲述自己记忆里的故乡，但刘震云是站在当下，探索故乡的前世今生以及研究现代化背景下故乡人的生存状态，他的乡土叙事是在现代性入侵中国乡土生活的大背景下诞生的，沉重的现实世界是其小说创作的全部内容。“延津”是中国农村的一隅，作者想借助这冰山一角去反映中国乡土社会最真实的生存状态。他以历史性的眼光审视中国农村的社会现实，冷静客观地抒写小人物的悲剧，直指人性的深刻。时间的跨度、空间的广度与思维的深度都成就了他创造性的乡土叙事，“延津故乡”孕育了他，他反过来缔造了一个屹立于文学界不倒的“延津故乡”。

(二)取名内含的现代意识

人物名字代码化,个人的特殊性被消解,与传统小说相比,刘震云小说中的人物取名具有了现代意识。《红楼梦》中的每一个人都是个体,大部分名字都是曹雪芹有意而为之,强调的是个体的特殊性,刘震云则走向另一个极端,以一种符号化的“老+姓氏”“小+姓氏”来代替具体化的人名。在《一句顶一万句》中,这些生活在不同时代从事不同行业、年龄参差不齐的人,都有一个共同特征——每个人都对孤独有深切的体会,都渴望有一个说得着的朋友。这实则是当代社会精神危机的真实写照。物质上的需求由于经济发展得到了满足,人们更多地关注自身精神上的需求,但人文关怀相对缺失,这种情况加剧了人们内心的孤独感,孤独成为群体的一种常态。对人名的巧妙设计以及相匹配的情节发展体现了作者对物质与文化不平衡的现代社会的担忧和对人文关怀的呼吁。

(三)“真”“假”人名上的新写实主义

刘震云在作品的创作中特别重视对底层民众生活最真实的还原,小说中的人物最为平凡,生活最为平常,堪称“白描”式手法。他们的名字也很平常,没有受到美化、拔高,小名、贱名的大量使用令小说贴近琐碎的现实生活,接地气。为了让作品更靠近真实,小说中人物的取名不仅重视个人心理、传统文化,还关注所描写时代的社会环境。所以在以20世纪五六十年代为背景的小说中,一些具有政治色彩的人名时常见诸刘震云的笔下,如宋解放、牛爱国等。取名事小,可刘震云却擅长利用小说中的统一要素来服务于自己的小说建构,在细节上做出大文章。在刘震云的“官场”系列小说中,他借用看似冠冕堂皇的名字为官员命名，实则利用反讽的方式对官员群体进行调侃与嘲讽。外在的名字暗示的是一种假象，而背后的真相却在小说的情节发展中逐渐被揭露。真与假相互对立，却共存于同一个人物身上，成为一组不可调和的矛盾。作者在展示名与实、真与假的矛盾中，反映了官场生态现状的恶化，暗含了对官场腐化的隐忧。

（四）篡改人名下的历史观

刘震云在小说中对历史人物的姓名进行的篡改和杜撰，配合了对正统历史事件的创造性抒写。在刘震云的历史小说中，正史上德高望重的人被扯下面具，露出粗鄙不堪的真实面目。曹成患脚气，脚流黄水，袁哨好女色，这两个在三国时期叱咤风云的人物竟然被作者塑造成如此平庸凡俗甚至有些低俗的角色。作者一点点剥掉他们身上的光环，还原他们的真实面目，努力说出真实的历史，实则借助对历史的思考反观现实的愚昧。这在一定程度上消解了历史的真实性、客观性与连续性，消解了权力的崇高性。在刘震云的历史观中，历史在不断循环，“历史无发展”“历史无进步”的历史循环论力透纸背。

三、结论

刘震云小说中人物取名是非随意性的，暗含着作者对人物以及对作品建构的思考。人物取名策略对传达其小说的现代意识，构建其作品中的“延津故乡”起着不可或缺的作用。人物取名策略的特殊性是其新写实主义风格和新历史主义风格的一种表现，取名策略下蕴含着作者丰富的历史观与价值观。总而言之，刘震云在小说创作中人物取名的独特运用与精准把握使得他的小说更发人深省。探索刘震云人物取名的策略与意义，是进一步研究刘震云作品的一个细微的切入口。

参考文献

[1]黎亮．刘震云小说语言的重复性艺术特征[J].黑河学院学报，2016(7).

[2]谢玉娥．人名·性别·文化——对“男人名”、“女人名”文化现象的考察[J].中国文化研究，2000(1).

[3]徐蕊．刘震云历史情结三解[J].长江大学学报（社会科学版），2011(3).

[4]刘震云．我不是潘金莲[M].武汉：长江文艺出版社，2016.

[5]刘震云．故乡天下黄花[M].北京：中国青年出版社，2004.

二

语言类

基于偏误分析的对泰初级汉语教学法初探

——以泰国班纳那育披塔亚功中学为例

□ 刘　丹

摘　要:在语言对比、偏误分析等第二语言习得研究的理论基础上开展对泰汉语教学,将有利于有针对性的教学与有效率的学习。笔者在泰国班纳那育披塔亚功中学实习期间,针对语音、词汇、语法、汉字语言要素,依据偏误分析理论、五个难度等级理论来指导教学,总结出零基础泰国学生偏误产生的原因和教学方法等相关经验。汉语国际教育既是语言教学,也是文化教学。适量、恰当的文化教学能促进语言教学。本文分为三部分。第一部分阐明本文写作意义,简要介绍实习学校的汉语教学现状,并指出相关理论依据的内容及应用;第二部分从语音、词汇、语法、汉字、文化等角度,基于相关理论详细阐释泰国中学生产生的偏误类型、难度等级和相关教学法;第三部分总结并指出不足。

关键词:对泰初级汉语;教学法;偏误分析

一、导论

对泰汉语教学是汉语国际教育的重要部分。泰国的汉语教学发展火热,汉语学习者数量日益增加,使得汉语成为仅次于英语的第二外国语。但由于泰国本土汉语教师有限,赴泰汉语教师专业背景有待加强,“怎么教汉语”的问题突显。因此,在相关第二语言习得的理论中,找出正确的对泰汉语教学法尤为重要。为此,本文依托偏误分析理论、五个难度等级理论,以泰国班纳那育披塔亚功中学的汉语教学实践为样本,总结汉语教学法的相关经验,以供应用和探讨。

汉语语言教学分为语音、词汇、语法、汉字四部分,文化教学与之相辅相成。早期第二语言习得研究中对比分析占据主流,即将学习者的母语系统与目的语系统进行对比,从而找出差异,预测教学难点,此理论将“差异”等同于“难点”,把语言问题误当成心理问题,遭到了后来学者的批评与质疑。然而,对比分析虽能够预测部分教学难点,但缺乏对学习者语言系统的关注,因此在20世纪70年代研究者转向偏误分析研究。偏误分析由科德提出,最早由鲁健骥介绍到中国,是对学习者在第二语言习得过程中所犯的偏误进行分析,从而发现第二语言学习者产生偏误的规律,包括偏误的类型和偏误产生的原因等。外国学生学习汉语时由于母语负迁移、目的语规则泛化、母语文化负迁徙等因素,会产生偏误。偏误按照产生来源可分为语际偏误、语内偏误。这时,“怎么教”就成了对外汉语的核心问题之一。我国教育学家顾明远曾提出“教学法是师生完成一定内容的教学任务并且在共同活动过程中所采取的教学方式、路径和手段”。对外汉语教学法既可以从宏观上分出教学法的流派,如直接法、自觉对比法、听说法;又可以从微观上划分为教学技巧,如卡片法、手势法、游戏法等。这些教学法在不同语言要素的教学中发挥了重要作用。

笔者此次实习的学校位于泰国中部那空那育府,此府距曼谷车程两小时左右。该学校有初中、高中六个年级，但高中才开设汉语班。近年来，每学期都有来自西南大学的汉语实习生前来任教，笔者因此于2018年10月至2019年3月赴此学校进行汉语教学。学校仅有一名本土汉语教师且专业性较弱。笔者的教学对象为高一至高三选修汉语的学生，每个年级成一个汉语班，每班人数在30人左右。笔者的学生具有泰国学生的一般特点：活泼开朗、调皮好动、动手能力强，学习内驱力不足，又缺乏对中国文化的了解，汉语学习的积极性弱，水平位于初级汉语学习阶段。针对此学情，笔者尝试通过总结偏误的教学方法，将语言教学与文化教学相结合来培养学生学习汉语的兴趣，增进其对中华文化的了解，提升其汉语学习水平。

二、泰国学生语音偏误与教学对策

汉语和泰语都属于汉藏语系和孤立语，有声调，缺乏词形变化，在表达语法和语义关系上都是借助语序和虚词；但又有明显不同。语音上，泰语辅音明显多于汉语辅音，且有长短、高、低、中之分，元音和不同辅音相拼有不同的声调，拼合规律、音系较为复杂。

（一）常见偏误

对泰初级学生的教学首先要从辅音（声母）、元音（韵母）、声调方面展开教学，同时要进行汉泰语音系统的对比，才能更好地解释学生的偏误。

1. 辅音偏误

根据蔡整莹、曹文（2002）的调查研究，x[ɕ]、c[ts^h]、ch[$tʂ^h$]的错误率

高达100%、67%、67%，这与两种语言的语音系统的异同密切相关。x[ɕ]在泰语中有类似的音จ[c]，却是汉语的尖音，所以"谢谢"的发音舌尖位置靠前出现泰腔；c[tsʰ]、ch[tʂʰ]的送气塞擦音在泰语中没有对应音，仅有与之相似的不送气音，因此"吃"和"师"难以区分。除此之外，笔者在实践中发现，泰语中没有j[tɕ]、q[tɕʰ]，学生容易出现偏误，且难以区分送气与不送气音；r[ʐ]，学生总会发成泰语的弹舌音ร[r]和边音ฬ，如"人"，学生将r[ʐ]发成l[l]；汉语中的z [ts]、c[tsʰ]、s [s]与对应的zh [tʂ]、ch [tʂʰ]、sh [ʂ]难以区分，这是因为泰语不区分舌尖前音和舌尖后音，学生用泰语的จ[c]来拼写汉语的z[ts]、zh[tʂ]，用ซศษส [s]来拼写汉语的s [s]、sh[ʂ]，没有的c[tsʰ]、ch[tʂʰ]塞擦音则发不出。因此，"尺子"的发音结合了ch[tʂʰ]和z[ts]，"春秋"结合了ch[tʂʰ]和q[tɕʰ]，都属于难发音词汇。可见，泰国学生的辅音偏误体现在某些泰语中没有的音，从而发音困难；汉语和泰语的相似音发不准，多受母语负迁移影响，产生语际偏误。

2.元音偏误

单韵母中，如舌面高圆唇元音ü[y]，泰语中没有对应的元音，只有近似于汉语的[i]和[u]，因此"雨"的发音容易发成[u]或[i]，舌位不到位，发音不标准；复韵母中如[iu]、üe[yɛ]、[ou]等，泰语中没有对应的音，如"秋"总会发成[tɕʰu]或[tɕʰi]，"月"的发音丢失[y]，发成ie /i̯e/，"有"的韵母发音不准，[ou]易发成泰语中的เ–า(类似汉语的ao)，因此"英语[iy]"和"音乐[iyɛ]"的发音易混淆；又如卷舌音舌头不够卷，导致儿化不标准，它们与较难发音的声母组合起来，"春有百花秋有月"就明显难于"夏有凉风冬有雪"。

3. 声调偏误

泰语有五个声调，但在内部与汉语存在明显差异。调值分别为33、21、41、45、14，区别于汉语的55、35、214、51。泰语第一声调值为33，比汉语阴平55低，泰语的第四声与汉语阳平相似，但没有汉语阳平高，所以“阳平上不去”，如“中国”的“国”发音上不去；第五声14与汉语上声相似，但只升不转所以“上声不够转”，如“雪”；而泰语的声调中[41]没有汉语的去声调域广，因此“去声降不下”，如“肉”。

(二)教学对策

1. 直接法

对于刚刚入门的初级泰国中学生，可根据行为主义学习理论的刺激—反应论形成的直接法，运用相关教具卡片直接教学，通过大量的模仿操练，让学生反复模仿正确发音。如采取夸张法，把汉语中的送气音夸张读，并借助纸张反应送气变化，如[ph]。又如采取手势法，在发音的同时辅之以手势变化，学生会自觉地模仿手势，在潜移默化中影响学生的发音。还如采用多媒体教学法来影响学生的儿化音，笔者曾让同学们听了一首用北京话唱的歌曲《少年北京》，感知儿化音，同学们在听歌中会不由自主地开始模仿儿化音，但也有些同学沉浸在表演的欢快中，教学效果不理想。

2. 对比法

对于初级汉语学习者，语音偏误多为母语负迁移导致的语际偏误，泰国学生也是如此。对泰汉语教师一方面要将泰语语音系统与汉语语音系统进行对比，如泰语ฬ与汉语的l、泰语น与汉语m，同时对于个别看似相似实则不同的音要着重提出，如泰语ฬ、ร与汉语r；另一方面，要将汉语中的送气音与不送气音、舌尖前音与舌尖后音进行对比，如z[ts]与c[tʂʰ]、s[s]与sh[ʂ]。对于个别难音，如卷舌音，教师要采取宽容的态度，允许初级学生发音不完美，以增强其学习信心，减少畏难情绪。

三、泰国学生词汇偏误与教学对策

汉泰词汇的构词法存在共同点，即语素都有强大的构词能力。汉语中的成词语素指能够独立成词的语素，构成单纯词，不成词语素的词根、词缀能够构成派生词和复合词。而在泰语中也有着相当数量的语素。但二者的显著差异是汉泰复合词、派生词的构词顺序不同，即修饰语与中心语的顺序不同。

(一)常见偏误

1.词序倒置

按照Ellis的难度等级理论，母语中某个语言项目在目的语中有对应形式，但在形式和内容上存在差异，属于四级难度。汉语中修饰语在前，中心语在后，泰语与之相反。如以“肉”为词根，有鱼肉、猪肉等，而泰语则是เนื้อปลา(肉+鱼)、เนื้อหมู(肉+猪)；以“色”为词根，有黄色、绿色等，而泰语则是สีเหลือง(色+绿)、สีเขียว(色+绿)。学生受母语负迁移影响，在初学时极易出现偏误。

2.词义偏误

在对泰汉语教学中，除了词的概念义教学，还有带有文化色彩的比喻义教学，如感情色彩的不同。初级阶段除了词汇量不足引起的概念义偏误,还有比喻义的偏误。

(二) 教学对策

对于词汇的概念义,一方面要通过语素来增强学生的组词能力和猜词能力;另一方面要将语法翻译法、直接法、举例法等教学法相结合来讲解实词、虚词和日常用语,调动学生的积极性,从而提高其记词、识词、用词的能力。词汇的比喻义则需要通过文化导入的方式进行。同时,初级汉语学习者除了以上偏误,更有词汇量太少的问题,因此词汇教学法应扩大学生词汇量,使之更有效地识记词汇。

1.语素教学法与对比教学法相结合

"语素教学法是以解决词汇教学中的构词方法和词义理解(问题)为目的,以分析语素的构词功能和语素义、词义的教学方法。"同时,汉泰语素的语序不同决定了教学必须要有对比意识。

从词素来看,在讲解"新年"时,可把它拆分为两个语素:

从"新"入手:新电影、新同学、新手机。

从"年"入手:今年、去年、明年。

从语素入手能够扩展三个甚至多个词汇,能够扩大词汇量。此方法泰国学生也能够接受。就此例来说,泰语中也有"新ใหม่"和"年ปี"的语素,同时"今年ปีนี้""去年เมื่อปีที่แล้ว""明年ปีหน้า"的构词都是"今/去/明+年或ปี+其他语素"。

2.翻译法与直接法相结合

德国语言学家奥伦多夫对语法翻译法的理论与特征进行了总结阐述,使之成为第一个拥有完整理论体系的外语教学法,也是历史最久远、影响最深的第二语言教学法。一方面,对于大部分名词实词，如食物类、服装类、日常用具类，都可以借助语法翻译法。在课堂上适量地说泰语，甚至让学生教老师泰语，能够使学生化“学”为“教”，在学中体会到教的乐趣。另一方面，用实物、图片、视频教学，学生的感受更直观，同时还能调动学生的视觉、听觉器官。根据西北大学云媛（2018）的调查，有97.6%的学生认为游戏法更能加深对词汇的记忆。适当采取多种直接法，能够增强课堂趣味性，二者各有所长。

但另一方面，语法翻译法不能解决全部问题。某些名词明显是中国特色、中国仅有的，无法对译。如在讲解中国乐器时，“古琴”和“古筝”是不同的两种乐器，笔者在给学生看古琴图片时，学生用泰语说了汉语古筝的音译词，全班同学都以为古琴就是古筝，这时只有通过视听法更加直观地展示。如在讲解动词时可以用体势法，“踢”和“打”，要给学生做这两个动词对应的动作，让学生感知不同。对于少量副词教学，如“非常”“很”的区别，使用体势法会更加直观。笔者在讲解“非常”时，配上更高昂的语调与两手大拇指，说“非常好”；在讲解“很”时，仅用一个大拇指，说“很好”，学生就能感受“非常”的程度比“很”深。因此，两种教学法相结合，能够加深学生对词汇的印象，从而识记。

同时应注意，教学要有选择地教。在教学中要有轻重急缓，要先教学生经常遇到的、贴合泰国文化的词语，因为翻译法与直接法操作简单，教师容易在讲“水果”时把所有词都进行讲解，讲“衣服”时分类也过于详细，这不仅不利于学生的记忆，还模糊了重点。笔者建议在教水果时，先教菠萝、杧果、榴梿等泰国特色水果，再有选择地教桃子、雪梨等；要先教当下发生的，如在水灯节、圣诞节前后，笔者教了学生们关于这些节日的表达，既能使学生现学现用，又能增强其学汉语的信心和成就感。

3.举例法与归纳演绎相结合

虚词模糊抽象，可使学生根据相关例子去感知，再归纳用法，并精讲多练、边讲边练，让学生演绎。如讲解“才”和“就”的区别，板书实例如下：

例1　我九点才起床。

例2　我六点就起床了。

(1)引导学生：九点和六点哪一个起床晚？

(2)归纳用法：晚的用“才”，早的用“就”。

(3)学生演绎：精讲多练，学生练习。

例3　我九点(　　)去。

例4　我七点(　　)去。

4.问答法与情境法相结合

部分日常口语教学也是初级学生学习的重点，增强学生说的能力才能增强其学汉语的信心。笔者主要采取了问答法、情境法。如讲解“不见不散”：

(1)展示例句

A：我们五点去体育馆踢藤球吧！B：好的。不见不散！

A：我们六点去图书馆学习吧！B：好的。不见不散！

A：我们十二点去食堂吃饭吧！B：好的。不见不散！

(2)不断提问学生：“我们三点去超市吧！”学生回答：“不见不散！”

(3)学生通过“好的”来猜测后文“不见不散”的意思，此时再运用语法翻译法解释其含义。

又例如讲解“您贵姓”和“你姓什么”的区别时，单单用泰语翻译是无法体现区别的。笔者通过设置情境，通过学生问老师和学生问学生的不同表达，再辅之以语法翻译得出“您贵姓”更加尊敬。

四、泰国学生语法偏误与教学对策

汉语和泰语同属SVO类语言，即一般谓语句语序一致，但状语、定语位置不同，泰语先说中心语，再说与之有关的定、状语，汉语明显与之相反，这又使得诸多句子语序存在明显差异。

（一）常见偏误

由于母语的负迁移，泰国学生极易出现语际偏误。相对而言，难度等级越高，学生偏误率越高。

1.单项定语语序偏误

(1)这是我的同学。(人称代词)

这是同学的我。

(2)那是中国地图。(名词)

那是地图的中国。

(3)夏有凉风。(形容词)

夏有风凉。

(4)三个人在这里。(数量词)

人三在这里。

以上是初级学生接触到的单项定语成分，即定语为人称代词、名词、形容词、数量词的句子。可见，句子的大致语序仍遵从简单主谓句，但是定语和中心语位置关系不同，即母语的某个语言形式在目的语中虽有对应项，但在分布和形式上存在差异，属于难度等级四级。

2. 多项定语语序偏误

(1)这是我的新同学。

这是同学新的我。

(2)这儿有两个漂亮女人。

有女人漂亮两个。

多项定语，初级学生能够学习到的即以上两个。汉语的语序为领属词+形容词+中心语，在单项定语句子语序的基础上，泰语中的领属词放在形容词之后；汉语是数量词+形容词+中心语，泰语则将数量词放在形容词之后。可见，泰语中与中心词最密切的修饰词(描写性形容词)放在前面，而后放置限制性形容词，与汉语相反。

3. 状语语序偏误

(1)她很漂亮。

她漂亮很。

(2)我不要这个。

我不要这个。

在日常口语的教学中经常出现上述句子，即“很/太/真+形容词”和“不+动词”。前者教学难度大于后者，因其语序与汉语相反，即母语的某个语言形式在目的语中虽有对应项，但在分布和形式上存在差异，难度等级为四级。而后者“不”作为否定词，放在动词前面，可表示“不来、没来、不去、没去、不吃、没吃”等意义，其语序与汉语相同,便于教学,泰国学生偏误率低。但根据难度等级理论,“不”和“没”的区别属于六级难度。笔者在泰国任教时,发现本土汉语教师仍然区分不清楚,如“你明天来吗?”“没来。”老师尚且如此,而此处仅针对刚刚入门的学生,对“不”和“没”不应太苛责,而先要学会正确的语序。

(二)教学对策

1.以听说法为基础,以句型为中心

首先,听说法以行为主义理论为指导,即“通过反复性的反射作用使某种习惯或思维得到强化,并逐渐地固定记忆下来。根据行为主义学习理论的主要特点,学习者的学习模式可以被概括为“观察-模仿-重复-强化-成形”;其次,在模仿和实践的基础上不断重复,进行有间断的语言重复训练,进一步掌握目的语;再次,教师需要及时给予学习者物质奖励或精神鼓励,形成学习过程中的正面强化,以便巩固和强化学习者的积极反应;最后,学习者的语言行为得到巩固,并形成正确的语言习惯。“刺激-反应”是此理论的重点,虽然这遭到许多学者的质疑,认为学生是有意志、会思考的,不应进行机械练习,但笔者对此有不同看法。就零基础且刚入门的泰国学生而言,其还无法形成汉语思维体系,缺乏基本的语言概念,在打基础时期,听说法不是最好的,却是必不可少的。如下例教学步骤:

汉语:我在家学习。

泰语:ฉัน(我)เรียน(学习)ที่บ้าน(在家)。

(1)领读正确句子,让学生自己感知汉泰语序的不同。

(2)不用抽象的语法概念,如“主语”“状语”,而是反复替换,轻理论、重用法：

我在家学习。

我在体育馆锻炼。

我在食堂吃饭。

（3）替换完毕后，切忌直接进入下一部分，而是大量操练，真正做到以学生为中心，精讲多练。

2. 情境法、问答法、小组合作相结合

赵煜对泰国宋卡府学习汉语的中学生的调查显示，超过 60% 的学生更喜欢教师结合情境进行语法教学。用情境法展示、练习句型，同时根据老师的指导、提问，让学生做出解答，能够调动学生的积极性。如在讲解“你怎么去上学”时：

（1）展示图片：骑摩托车、坐公交车、走路（情境）

（2）提问学生：你怎么去上学？（问答）

（3）学生回答：我去上学骑摩托车，我去上学坐公交车。

（4）教师反馈：时刻树立汉泰语言对比意识，及时给予学生正反反馈，教师不直接否定学生，而是说一遍正确句子，学生思考的不同。

提问：你怎么去上学？

学生回答：我骑摩托车去上学。

（7）自由交际：学生两两一组，互相提问练习。

需要注意的是，虽然大量的听说练习利于提高学生的口语能力，但此教学法忽略了学生写的能力。发现此问题后，在教学中后期，笔者通过让学生来黑板上板书、课下布置多种形式的作业来使学生听、说、读、写技能全面发展。如布置画画作业是充分考虑了泰国学生绘画能力较强的特点，对于画图写句子的作业，学生完成的热情很高。

五、泰国学生汉字偏误与教学对策

吕必松(1999)曾说："我们对汉字教学的研究重视不够，至少没有像重视语音、语法教学研究那样去重视汉字教学研究。"又有以北京语言大学张朋朋教授为代表所提倡的"语文分开"教学模式，即"把汉语普通话听说能力和汉字读写能力的教学分开，'语'的教学只教语，'文'的教学只教文"。在笔者前期的教学中，由于听说读领先，忽略了汉字的教学，导致学生的汉字书写能力并无太大提高，出现了问题。而后针对此问题和泰国学生易产生的偏误，笔者总结了相关经验和教训。

(一)常见偏误

1.笔画偏误

首先，汉字与泰语文字属于两个不同系统，其书写原则也有较大差异。泰语讲究"圆圈开始，一笔定型"，而汉语则是"从上到下、从左到右、从外到内、先横后竖、先撇后捺"，因此容易出现笔画顺序偏误。如"口""女"，学生还是通过画而非从上到下、从左到右的顺序书写。其次，笔画数量偏误，即缺笔和增笔。如"我""书"忘记其上一点，"是"忘记一横。又如"钱"存在多个横，"凉"多加一点。最后，泰国学生的笔画位置存在明显偏误。汉字的笔画位置有三种，即相离、相接和相交。但初学者通常不会注意汉字的细节，只觉大体相似即可，就出现了较多偏误。如“在”的第二笔明显靠左，使得与第一笔相离；“午”字的最后一笔本应和第二笔相接，但学生易写为相交，就成为“牛”。又如“床”，第五笔应和第四笔相交，但学生容易把“木”写成“不”。

2. 部件偏误

部件偏误可分为部件移位、丢失、变形偏误。如“在”字里面的“土”明显靠右，“眼”的最后两笔明显靠右造成移位。又如笔者在此学校实习时，对于“起”字，10份作业中有7份都写成了“走”字。又有“锻炼”的“锻”部首存在缺笔，“炼”的右半部分则发生变形，“外”的左边部件写成“勺”字。尤其对于形声字，学生有较高的偏误率。

（二）教学对策

1. 对比法

汉字和泰语文字虽属于不同系统，但其形成过程都存在象形现象，这要求对外汉语老师要时刻具备语言对比意识。如汉语中“日”“月”等汉字是象形文字，会意字“休”，画出人在树下休息，以此来展示汉字的形态演变和形成原因。泰语中的字母ก就像是鸡，由此“鸡”的泰语是ไก่[kai]，模仿鸡的叫声。吕必松指出：“学生在汉字学习的初期总是把汉字看成像图画那样复杂的形体，认读、书写和记忆都是事倍功半，一开始就产生了汉字‘难认、难写、难记’的三难印象，形成了学习汉字的心理障碍。”笔者通过汉泰文字的对比，让学生发现母语和汉字的一些相同点，减少学生的心理障碍。

2. 板书法与多媒体法相结合

学生的汉字笔画和部件偏误，要求汉语教师要多板书汉字的笔画顺序，切忌只有音和字，切忌连笔字。在有条件时要用多媒体动画动态展示其笔画顺序，这样才有利于学生形成对汉字的认识。同时，对外汉语教师的板书须工整和规范，连笔字与书上的某些印刷体都不便于学生模仿学习。对于简单汉字，教师板书完毕后，可让学生在黑板上马上练习，立刻反馈；对于复杂汉字，如“踢藤球”，教师要多板书，循序渐进地教学，同时对学生的错误及偏误保持耐心和宽容的心态。

六、泰国学生文化偏误与教学对策

正如张占一(1984)提出语言是必须依附特定的文化背景的，所以在教学中要先将相关背景知识作为铺垫来进行讲授。王钟华(1991)认为，在教学的初始阶段教学的主要内容应该集中在语言教学，但随着学习者的汉语基础不断巩固，教师在面对中高级学生时应该更着重于文化的教学。泰国初级学生缺乏对中国文化的了解，对其进行适量恰当的文化输入既有利于其增进对中国的了解，又能培养其对汉语学习的兴趣，促进汉语教学与学习。

(一)常见偏误

如前文所说，初级汉语学习者不了解中国相关文化，无法理解某些词语的比喻义。如泰国的“象”和中国的“龙”，大象在泰国是尊贵温顺的象征，但学生不能理解为何中华民族叫“龙”的传人。又如中国人在过新年时对联、红包都是红色的，其代表喜庆义，在传统的婚礼上也穿红色礼服，而泰国婚礼穿白色、粉色。还如有中国文化特点的词“对联”“红包”“月饼”，没有相关文化背景，学生就无法理解其意义。

（二）教学对策

文化教学是对外汉语教学的重要一环，潜移默化，润物无声。在实习中，笔者适时以中国文化专题课进行了文化导入，对于如何把握好文化的量、教什么文化、怎样进行文化教学积累了些许经验和教训。

1.教学量要适度

文化量不宜过多。在前期教学中，笔者曾用一整节课为学生播放中国风的歌舞节目《国风美少年》而未进行节目的讲解，同学们虽然热情高涨，十分喜欢，但大多数学生仅停留在欣赏歌舞阶段。第二次，笔者并未整节课放映文化节目，而是边让学生进行语言学习，边进行文化教学。如在放映节目时开始给大家普及词语，让学生记下“古筝、古琴、二胡、琵琶”等词汇。在观看西南大学纪录片时让大家学习了“东、南、西、北”的表达，并用“西南大学”活学活用。

同样，文化教学也不宜过少，要由点及面，语言与文化并进。在讲解“红色”“黄色”等颜色词时，这些词的文化含义尤其重要，要结合中泰两国的历史文化进行讲解。在讲解“红包”“对联”“月饼”等词时，在用图片法导入之后，相关文化知识同样尤为重要，如中国新年时包红包、写对联的意义，月饼与中秋节的关系。在讲“你姓什么？”句型的时候，介绍中国的姓氏文化，学生才能理解“姓”的内涵。因此，文化是为语言知识服务的，适量的文化教学是学习语言知识所需要的。

2. 教学内容循序渐进

《国家宝藏》极有中国特色，但学生无法理解其内涵。相比之下，《国风美少年》便更喜闻乐见，学生更易学习其中的舞蹈、古诗词元素。在学习古诗词时，笔者挑选了“春有百花秋有月，夏有凉风冬有雪”，词句由简单“有”字句构成，且春夏秋冬、风花雪月的单纯词便于教学，又属常见词汇。在两节课的学习后，学生不光能背诵，还能跟着音乐吟唱，教学效果较佳。因此，要根据学生的水平进行循序渐进、难度适当的文化教学。

3. 共时与历时兼顾

我国著名对外汉语专家周小兵教授在《对外汉语教学中的跨文化交际》一文中将文化分为四组：历时文化和共时文化、民族文化与地域文化、交际文化与知识文化、词语文化和非词语文化。教师既要向学生展示中国古代文化，如服饰、行礼方式、诗词，也应该融入中国当代文化，如交际文化中中国人喜欢用“你吃饭了吗？”“你去哪儿？”等。另外，还可融入当代中国的新成就，如支付宝的普及、高铁的速度等。

七、结语

笔者以偏误分析理论、难度等级理论等为依据，以泰国实习学校为背景，对对泰初级汉语教学语言与文化教学的教学法进行了初探。在语音方面，学生的元音、辅音、声调偏误应采取直接法、对比法来纠正。词汇方面，对于词序与词义偏误，教师要采用语素法、对比法扩大学生的词汇量，采用翻译法与直接法来增强学生识记实词的能力，采用举例法、归纳法、演绎法来增强用词能力。语法方面可采用听说法、情境法、问答法等精讲多练。汉字方面，要针对部件与笔画偏误采用对比法、板书与多媒体相结合法来教学。同时，文化教学要与之相辅相成，把握好文化的量、内容的深浅及内容的多样性。但本文也存在诸多不足之处，如样本数量较少、笔者教学经验有限、教学法不够全面深入等，还望批评指正。

同时，也望汉语国际教育学科能够真正独立发展，在第二语言习得理论的大背景下，吸取当前现代汉语的研究精华，具体分析不同国家的对外汉语教学法，使得汉语教学真正做到处处开花，蓬勃发展！

参考文献

[1]孙德金.对外汉语词汇及词汇教学研究[M].北京:商务印书馆,2006.

[2]何丽英.泰国华侨学校汉语教学研究[D].重庆:西南大学,2010.

[3]赵煜.泰国宋卡府高中汉语教学现状及策略研究[D].西安:西安石油大学,2018.

[4]吕必松.语言教育与对外汉语教学[M].北京:外语教学与研究出版社,2005.

[5]吕必松.汉字与汉字教学研究论文选[M].北京:北京大学出版社,1999.

泰国留学生文段写作的偏误分析
——以西南大学文学院 2016 级商贸汉语班为例

□ 刘 娟

摘 要:本文以西南大学文学院泰国孔敬大学 2016 级商贸汉语班的文段写作课作业为样本,归纳和总结了泰国留学生汉语写作中标点符号、汉字、词汇和语法四个方面的偏误。本文从汉语、泰语的差异和学生个人因素两个方面进行分析,指出泰国留学生在标点符号和语法方面的偏误主要是母语负迁移所导致,汉字书写和词汇错误则主要是学生学习方法不恰当所导致。针对减少写作偏误,提高写作水平,文章建议学生通过系统学习标点符号和汉字部件,选择合理的书写纸张和学习工具,根据语言规则反复练习以及创新汉语阅读方式来举一反三。

关键词:泰国留学生;汉语写作;偏误分析

2018 年是西南大学文学院与泰国孔敬大学汉语系"2+2"合作项目的第十个年头。每年 9 月,孔敬大学将汉语国际教育和商贸汉语两个专业的本科生派往西南大学文学院进行为期两年的汉语学习。

对于泰国留学生来说,刚到中国学习汉语,完全处在目的语的环境中,"听、说、读、写"四个方面的技能都面临新的挑战。

汉语写作是比较难掌握的技能之一,不仅在于汉字的书写难度大,更在于良好的写作需要使用匹配的书面语和正确的措辞、修辞。泰语和汉语在标点符号的使用、语法方面都存在较大差别,加上学生的个体因素,写作偏误就时常发生,因此写作偏误分析非常有必要。

本研究以西南大学文学院孔敬大学2016级商贸汉语班18名泰国学生的文段写作课作业为样本,样本总量为468份,样本收集时间是2017—2018学年第一学期。写作类型包括9篇记叙文(《自我介绍》《在重庆的第一个节日》《重庆的天气》《我的国王》《我的西南大学》《我在西南大学的宿舍》《我的朋友》《记一次泰国留学生运动会》《我这学期的写作课总结》)和4篇应用文《通知》《请假条》《日记》《写给××的一封信》。文章对泰国留学生汉语写作中标点符号、汉字、词汇和语法四个方面的偏误进行归纳和总结,从汉语、泰语的差异和学生个人因素两个方面进行分析,指出泰国留学生在标点符号和语法方面的偏误主要是母语负迁移所导致,汉字书写和词汇错误则主要是学生学习方法不恰当所导致。

文章最后针对减少写作偏误,提高写作水平,建议学生通过系统地学习标点符号和汉字部件,选择合理的书写纸张和学习工具,根据语言规则反复练习以创新汉语阅读方式来举一反三。

一、偏误类型及分析

根据所收集到的样本,泰国留学生的写作偏误类型有以下四个方面。

(一)标点符号方面

1. 偏误类型

标点符号的偏误类型分为用法有误和写法不规范：

(1)用法有误

①逗号和句号的用法混淆

a. 在应该使用逗号的地方，用句号代替。例如《自我介绍》：

我叫小明。我是泰国人。我今年 20 岁。我学习商贸汉语。

b. 在应该使用句号的地方，用逗号代替。例如(《在重庆的第一个节日》)：

上周是国庆节，我和朋友打算去洪崖洞，可是下雨了，我们就待在宿舍，我们一起上网看电影，我喜欢看韩国电影，我的同屋喜欢看美国电影，看完电影我们就去 5 号门吃饭。

②需要使用标点符号的地方，没有使用标点符号。例如《自我介绍》：

我现在在重庆读书可是我的朋友都在泰国，我很想他们经常和他们打电话。

③不需要标点符号的地方添加标点符号。例如《自我介绍》：

我爱好很多，比如看书、听音乐、什么的。

④在转述句中误用问号。例如《日记》：

妈妈给我打电话，她问我天气冷不冷？吃饭了吗？钱够不够？我觉得她很关心我。

(2)写法不规范

①用英文的句点代替汉语的句号，例如：。

②把逗号的实心部分写成空心的，形似一个缩小的数字9。

③把感叹号的下半部分也画成空心的，例如：。

④在写问号时，上半部分过于弯曲，形似泰文，例如：。

2. 偏误分析

语言转移是影响语言学习效果的因素之一，语言转移通常发生在学习者用母语的知识来创造第二语言的时候。第二语言学习无可避免会受到学习者的第一语言知识的影响。对于泰国留学生来说，标点符号和语法的错误受母语负迁移的影响较大。由于泰语中多采用空格的方式来标记语法停顿，使用逗号、句号的情况很少，即使是在一些较正式的书面语中使用时也采用的是英文标点符号的写法。所以，对泰国留学生来说，汉语的标点符号就是学习中的一个空缺，会出现使用错误和写法不规范的情况。

（二）汉字书写方面

1. 偏误类型

汉字书写的偏误分为偏旁写法不标准，形近字的混淆和较复杂汉字的错写三个方面。选取的主要是学生作业中经常使用且错误率较高的汉字。

（1）偏旁写法不标准

①反犬旁“犭”写得类似于提手旁“扌”，例如：。

②三点水“氵”、病字头“疒”和火字旁的字左右结构比例不恰

当，例如：、、。

（2）形近字的混淆

床—庆、觉—学、这—过、乌—鸟、这—还、土—士、已—己、活—话、休—体、出—山、情—请、菜—采、更—使、坐—座、夏—复、气—汽、真—直、有—友、可—司、常—尝、或—试、暖—爱、留—贸、船—般、有—友—发、起—赶—越、选—先—洗—远—运。

（3）复杂的汉字的错写

①将上下结构的“薄”“落”写成左右结构。

②将上下结构的“蓬”写成半包围结构。

③将“辉”左半部分的“丨”和“丿”连写成一笔。

④“真”“直”“睡”“暴”“道”“韩”“锻”“德”等笔画较多的汉字误加笔画或缺少笔画。

2. 偏误分析

在给学生纠正偏旁的写法时，学生大多叫不出偏旁的名称，导致分不清楚反犬旁“犭”和提手旁“扌”的区别。另外，笔画顺序的很多错误导致字体的结构比例失衡。

汉字固有的字数多，笔画繁杂，结构复杂，组合方式多样，存在难认、难写、难记等问题，这也加大了学生学习汉语的难度。像“真”“直”“睡”“暴”这些笔画较多的汉字，稍不注意就会误添或缺少笔画。

以“庆”和“床”两个字为例，在和学生交流的过程中笔者了解到，他们在泰国学过“床”这个字，但没学过“庆”这个字，所以“床”这个字在他们心中印象更深刻，掌握得较好。直到来到重庆留学，才认识“庆”这个字，但很多学生一直无法辨别二者的区别，以为这两个字是同一个字，即使多次纠正，依然会有同学把这两个字混淆。因此，汉字书写上的偏误多是学生个人课后花在汉字学习上的时间不够充足，对汉字的熟悉程度不够，受惯性思维影响而引起的。

（三）词汇使用方面

词汇偏误主要为时间用词错误和近义/同义词的误用。

1.时间用词错误

在表述“几点几分”时误加“钟”字，或按照泰语的习惯表述时间。例如：

①下午五点十分钟（五点十分）就带朋友去拿快递。（《日记》）

②两点半上课，到四点五十分钟（四点五十）下课。（《写给××的一封信》）

③我们到紫云楼已经十一个半小时（十一点半）了。（《我的西南大学》）

④早上9点半钟（9点半）举行开幕式。（《记一次泰国留学生运动会》）

⑤下午十点（晚上十点）我就睡觉了。（《日记》）

⑥晚上一点半（晚上七点半）我就坐车回宿舍休息，两点十分（八点十分）我做完作业，三点（九点）我喝了牛奶，然后四点十分（十点十分）我就睡觉了。（《在重庆的第一个节日》）

2.近义/同义词的误用

指选用了与上下文在意思上可以进行搭配，但不够恰当或准确的词汇。例如：

①食堂的饭一边(又)好吃,一边(又)便宜。(《我的西南大学》)

②晚上9点回到宿舍,以后(然后)洗澡。(《日记》)

③我发胖了,我以为(认为)我应该多锻炼身体。(《我的西南大学》)

④今天我很睡意(困),因为很冷。(《日记》)

⑤这些活动致使(让)我认识了很多朋友。(《记一次泰国留学生运动会》)

⑥这里的饮食(食物)很好吃。(《写给××的一封信》)

⑦出门要穿厚衣服,为了保卫(防止)不舒服,保卫(防止)感冒。(《写给××的一封信》)

⑧开始比赛之前有很多表演,比如:唱歌、跳舞、坐科(表演戏剧)。(《记一次泰国留学生运动会》)

⑨我看见我的房子(房间)不太大,但是房子(房间)里有电视、空调、床。(《我在西南大学的宿舍》)

⑩他是很真心的人,不喜欢佯言(说假话)的人。(《我的国王》)

在泰语的口语中,人们常常用“晚上一点”指“晚上七点”,用“晚上两点”指“晚上八点”,所以在写作作业中就出现了“晚上一点半(晚上七点半)我就坐车回宿舍休息”这样的句子。

生活中,手机的普遍使用使学生越来越依赖用手机软件来帮助学习,而很少使用《现代汉语词典》等比较权威的学习工具。比如前文提到的“今天我很睡意(困),因为很冷。”“出门要穿厚衣服,为了保卫(防止)不舒服,保卫(防止)感冒。”“这些活动致使(让)我认识了很多朋友”等例子,“睡意”“保卫”“致使”等词汇,学生其实并没有真正理解甚至还没学过,尤其是“坐科”“佯言”这样在生活中较少使用的词语,他们之前从没接触过,只是在写作时,临时借助手机翻译软件，输入与之意思相近的泰语，再从翻译结果中随机选取某个词汇把句子拼凑出来，导致出现词汇错误。

（四）语法方面

1. 偏误类型

语法错误有语序错误，分为定语、状语、补语语序错误三大方面。

（1）定语语序错误，例如：

①我来自孔敬的泰国。（《自我介绍》）

②重庆天气的冬天很冷。（《重庆的天气》）

③这次活动让我认识朋友很多。（《记一次泰国留学生运动会》）

④她教我生词的汉语。（《我的朋友》）

⑤我是一个人很懒。（《自我介绍》）

⑥他有四个孩子，儿子一个人，女儿三个人。（《我的国王》）

⑦现在天气冷了，每天我要穿两件衣服以上。（《写给××的一封信》）

⑧国际学院有外国人很多。（《我在西南大学的宿舍》）

（2）状语语序错误，例如：

①我是留学生，学习在西南大学。（《自我介绍》）

②她是泰国人跟我一样。（《我的朋友》）

③我们常常一起做饭在宿舍，我觉得冷在外边。（《我的朋友》）

④我查在网上就知道中国的季节有四个季节是春、夏、秋、冬。（《重庆的天气》）

⑤她经常讲生词给我。（《我的朋友》）

⑥她的睫毛很长很漂亮跟我一样。(《我的朋友》)

⑦我看这个电影第一次。(《日记》)

⑧我到西南大学 9 月 6 号上午。(《我的西南大学》)

(3)补语语序错误,例如:

①我听汉语不太懂。(《我这学期的写作课总结》)

②我要在西南大学两年学习汉语。(《写给××的一封信》)

③我一次吃过火锅了,我觉得很好吃,我想吃火锅再一次。(《写给 XX 的一封信》)

④我们坐了飞机三个小时才到机场,然后我们坐公共汽车一个半小时来西南大学。(《我的西南大学》)

其中,补语语序错误又以“V 完 N,V 完了 N”的句型错误为典型代表。例如:

①看天气预报完了以后。(《重庆的天气》)

②今天老师叫我们读课文完了。(《日记》)

③参加活动完了以后,我跟朋友一起回宿舍做饭。(《记一次泰国留学生运动会》)

2. 偏误分析

学生出现语法错误的原因也在于将母语的语法规则带到汉语的学习中来。汉语和泰语最显著的区别是语序。在汉语中,扩展词放在中心词前面;而在泰语中,扩展词放在中心词后面。这种相反的差异使泰国学生常常会由于语序的混乱而产生偏误。

对于定语语序,汉、泰语的偏正词组都是由两个部分组成,但定语排列在一般情况下是相反的:汉语的修饰语在中心语前面,而泰语的修饰语却在中心语后面。例如:

汉:尤其是我们在泰国的南方……

泰:尤其是我们在南方的泰国……

于是学生在作业中就很容易造出“她教我生词的汉语”这样的句子。

关于状语的位置,汉语状语在前,中心语在后;泰语则相反。在多项状语语序与中心语的语序上,汉语的多项状语按照一定的顺序从左向右排列;而泰语的多项状语则是以中心语为中心,向两边扩展。具体的例子如下:

①汉:我是留学生,在西南大学学习。

泰:我是留学生,学习在西南大学。

②汉:在泰国我跟泰国老师学习汉语。

泰:在泰国我学习汉语跟泰国老师。

遇到单项状语,学生受母语负迁移的影响把汉语完全套入泰语语序之中,出现例①这样的句子;遇到有多项状语的句子时,学生将其中一项按照泰语的习惯排列,在例②中,以“学习汉语”为中心,“在泰国”和“跟泰国老师”两个状语的位置就是“向两边扩展”的结果。

对于补语而言,汉语中位于谓语前的是状语,位于谓语后的是补语;而在泰语中没有补语这一概念,位于中心语前后均可称为状语。汉语补语语序是 V·C—O(动·结果—宾),是汉语语言系统发展的结果,是有标记的(或强标记的)。例如:

汉:看完了天气预报。

泰:看天气预报完了。

泰语的状语语序符合的是客观行为和状态的时间顺序,就说成“看天气预报完了”—— 先看天气预报,然后把天气预报看完。

二、学习建议

(一)系统学习标点符号和汉字部件

学生可对标点符号进行专门的系统功能和使用知识的学习,并借用教材里学到的句子或语段来加强理解,加深记忆。

部件是由笔画组成的构字单位,部件可以单独成字,也可和别的部件组合成字。汉字虽然数量庞大,但部件有限。学生可以通过拆解汉字,分出部件和偏旁(从某种意义上说,偏旁也是特殊的部件),认真学习汉字的部件——从每个部件的名称和笔画开始,将汉字化整为零,以简驭繁,有利于培养独立识字能力,提高读写能力。

(二)合理选用书写纸张

写作时学生可选用印有田字格或者方格的纸张来规范汉字书写,注意汉字的各部分在格子里应占的正确位置,以此减少汉字结构比例失衡的错误,也让字体更加美观。

(三)正确选择学习工具

学生应摆脱对手机翻译软件的依赖。对于初级水平的同学,遇到不清楚的地方,可以借助《新汉泰词典》进行学习;对于中高级水平的学生,则可借助《现代汉语词典》《新华字典》等比较权威的学习工具。

(四)反复操练,举一反三

老师可在课堂上用情境设置的方法引导学生反复练习,例如让学生用汉语表达周末做了哪些有趣的事，大概在什么时间段做的等，鼓励学生多说多练，再纠正错误，让学生正确运用语言规则。布置课后作业时，老师让学生将批改后的作业再写一次，加深理解和记忆。这样反复多次操练，可以起到促进学生消除母语的负迁移的作用。

（五）创新汉语阅读方式

增加课外汉语阅读量，可以有效提高汉语写作水平。例如有的学生谈到对《三生三世十里桃花》这样的小说很感兴趣，单从书名来看，学生就可以学到“里”除了作为方位词，还可作为长度单位的用法。当然，阅读也不仅仅局限于书本的阅读。2017 年年底热播的网络剧《致我们单纯的小美好》在泰国留学生中产生了很大的反响，通过熟悉字幕中地道的汉语词汇以及蕴含的语法知识，并且试着去模仿，在扩大学生汉语词汇量、合理选用词汇、减少语法错误方面有很大的益处。

将阅读中国小说和看中国电视剧作为课外阅读的切入点，不仅增加了阅读的趣味性，让学生在快乐阅读中获得汉语知识，更能让学生在课堂之外的时间仍处在汉语的环境中，减少母语的负迁移，有效减少写作偏误。

三、结语

汉语写作需要标点符号、汉字、词汇和语法四个方面能力的综合运用，学生在学习初期出现错误在所难免，但经过细致、耐心的学习和反复训练，一定会有所提高。

参考文献

[1]郭星.浅析泰国学生作文中的偏误现象及对教学的启示——以汉泰定语顺序对比研究为例[J].科教文汇,2011(6).

[2]石毓智.现代汉语语法系统的建立——动补结构的产生及其影响[M].北京:北京语言大学出版社,2003.

论云南官话和江淮官话的密切关系
——以《广陵潮》和曲靖方言为语言材料

□ 刘 娟

摘 要:《广陵潮》是清末民初著名的社会谴责小说,它以古城扬州为背景,书写了从鸦片战争到“五四运动”前夕扬州城百姓的生活变迁与逸闻轶事。《广陵潮》一书是李涵秋用江淮官话写成的,云南官话的形成与明代江淮地区的汉族移民有关,江淮官话的核心地区自东晋以来基本保持着稳定。《广陵潮》中一些方言词语和“K-VP”型问句在曲靖方言中可见,但在黔桂等西南官话地区则少见或不见,经描述可佐证云南官话与江淮官话的密切关系。

关键词:《广陵潮》;江淮官话;曲靖方言

曲靖市位于云南省东北部,处在云南、广西、贵州交界处,人口约 653 万,其中汉族占人口的 90% 以上,大部分人使用曲靖方言。据《中国语言地图集》(第 2 版),曲靖方言今属西南官话下的昆贵片。曲靖方言是笔者的母语,文中曲靖方言的例句均为笔者自拟并向当地人核实过。疑问助词“格”在不同地区发音稍有差别,本文采用“格”做标音字。

江淮官话主要分布在湖北省东部、安徽省中南部和江苏省中北部。吴波(2007)依据行政和移民等历史材料,分析了江淮官话区域在上古、中古、近古时期的语言更替和变迁,认为江淮区域从商周起就开始接受华夏文明的熏陶和影响,历楚语与江东语之后,它的语言系统经历永嘉、唐五代、南宋三次的北方化而成为官话的基础方言区之一,至明王朝而达鼎盛,成为基础方言区的权威方言。冯法强(2014)对江淮官话从东晋到现在存在的行政区划及历史沿革进行梳理,指出自东晋开始,今江淮官话的核心地区(江淮之间)基本没有分裂过,都是作为一个整体统辖于同一个行政区域之内,这也保证了江淮官话的稳定发展。

据《中国语言地图集》(第 2 版),扬州方言今属江淮官话下的洪巢片,它是苏北江淮官话的典型代表。《广陵潮》的书写语言是扬州话,书中的一些方言词语和“K-VP”问句在曲靖方言中可见,但在黔桂等西南官话地区则少见或不见。因此,本文以《广陵潮》和曲靖方言为语言材料,探究云南官话和江淮官话的亲密关系。

本文所用《广陵潮》版本为凤凰出版社 2014 年版,例句后面标注的出处如“上/三十一/224”指该例句出自上册第三十一回第 224 页。

一、前人对云南官话和江淮官话之间关系的论述

目前,学界关于云南官话研究成果多是静态描写,对云南官话的溯源类研究较少,比较有代表性的是群一和李兆同的相关文章。群一(1996)曾在《金瓶梅》《儒林外史》《官场现形记》《红楼梦》等明

清小说中寻找语言材料，论证了云南官话和江淮官话之间的密切关系。李兆同从音系的形成和军籍移民的角度探究云南官话的来源，认为明代云南汉族移民大增，汉语地位始上升，汉语官话于明代中叶时始演变为云南官话；云南官话是在以南京话为代表的江淮官话的基础上形成的。两位学者都提出云南官话的形成与明代云南汉族移民有关，但是史料中对移民的来源没有详细具体的统计数据，缺少语言学上的详细对比证明。

近年来，学者们将云南官话中典型的语言现象和明清时期的军籍移民历史结合起来探究云南官话的来源。

丁崇明(2009)对云南官话中的“K-VP”问句来源进行了探究，认为“K-VP”型问句是近代汉语中中国南方江淮一带的一种带有区域特征的句法形式。他考察了明代征战云南的将领的户籍，指出：明代征战云南的将领多是现江淮方言区的人，正是这些来自今江苏、安徽一带的人把“K-VP”问句带到云南去的。

曾晓渝(2013)在《明代南直隶辖区官话方言考察分析》一文中对上述结论又补充了明代军屯移民的数据和籍贯地两方面更详细的史料证据。“明代开始大规模汉族移民入滇，当时军户移民占云南总人口数的70%……其中来自南直隶的最多，占军官总数的42%；其次来自北方地区，占27%。”由于明代实行军户制，从军官籍可推测士兵籍、家属籍。这些人定居在云南，文化上的优势与政治、经济、军事上的优势结合起来，使汉族成了云南最大、最有势力的民族。由此证实：来自南直隶的移民的语言对云南官话特点的形成起至关重要的作用。

曾晓渝、陈希(2017)将云南官话的主要特殊现象与西南、江淮、中原官话做了比较，还比较了云南官话与其他官话方言100个核心词,考察云南官话和它们的亲疏关系,再结合考证云南汉族的移民史,重点探寻了明代入滇军民籍贯,指出主流云南官话形成于明代,其源头是明代南直隶官话(为中原、江淮官话的融合体)。

二 、《广陵潮》是用江淮官话所写

《广陵潮》的作者李涵秋是清末民初的文学家,祖籍安徽庐州(今合肥)。太平天国时期其祖父一辈迁居江都城,李涵秋出生于扬州,一生中除去青年时期为生计在武汉、上海奔走了六七年外,其余时间几乎都在扬州度过,在此地执教鞭糊口,靠卖文养家。王浩宇(2014)对《广陵潮》的词汇系统进行了考察与分析,指出《广陵潮》中出现的方言词以江淮官话、西南官话和吴方言词为主。李涵秋一生绝大部分时间待在扬州,扬州话该是他的母语。《广陵潮》描写的是从鸦片战争到"五四运动"前夕扬州城百姓的生活变迁与逸闻轶事,因此可以推测,扬州话应是其主要书写语言,即《广陵潮》是用江淮官话写成的。

三、《广陵潮》中可见且今使用于曲靖方言中的词语

1. 偏生

(1)偏生这一年,由冬徂春,无一点雨泽,田土拆干,眼见不能种麦。(上/一/4)

普通话只说"偏偏",不说"偏生"。曲靖方言里用"偏生",表示事实跟所希望或期待的情况相反。曲靖话用法如:"我都告诉你恁

个(那么)多遍了,你偏生不听我滴(的)话。”

2.伏侍

(2)横竖你既是出去候补,少不得要带一个体己人伏侍的,我看不如将翠姨带去罢。(上/三十一/224)

“伏侍”现多写成“服侍”,表示“照顾、伺候”的意思。曲靖方言里很少用“照顾、伺候”,都用“伏侍”。曲靖话用法如:“她病了恁个(那么)长时间,都是她家姑娘(女儿)在医院头(里)伏侍她。”

3.包管

(3)假如人人都像你存这样心,包管世界上再没有不缠足的日子了。(上/二十五/176)

这个词意思等同于“保证”。曲靖话用法如:““我家种滴(的)橘子又大又甜,包管你吃了满意。”

4.不消/何消

(4)偏生当时人的辫子,容易被剪。往往半夜三更,睡在枕上,次日醒来,摸摸头发已是秃秃,小孩子家更是不消说得。(上/七/40)

(5)原来先生是想同奴家借钱,何消如此做作?(下/六十一/602)

普通话只说“不需要”“何需要”,“消”当是“需要”的合音。曲靖话用法如:“你直接打个电话告诉他就行了,何消还要自己跑一趟?”

5.掼

(6)云麟早将那封洋钱劈手掼在地上。亮晶晶如水银一般,满地乱滚。(上/四十一/315)

(7)网狗子三尸神爆,将檐上的那只手一松,扑通一声,就掼倒地下。(上/四十七/389)

第一个例句中的“掼”，是指人对物体的处置时，表示“砸、扔、抛、摔”等含义，曲靖话也有这样的用法，如：“不要挨（把）那个玻璃杯，掼的（到）地上整烂（弄坏）啦。”

第二个例句中的“掼”，指的是人摔倒。曲靖话用法如：“娃娃还在太小，走路稍不注意就会掼倒。”

6. 快当

（8）如果他上吊，倒还死得快当些。（上/十/63）

“快当”表示“快速、迅速”。曲靖话用法如：“现在外头（面）在堵车，还不如直接走路倒快当些呢。”

7. 挺尸

（9）偏是你着急，每天都要老早挺尸。（上/十四/88）

“挺尸”指的是人像尸体一样直挺挺地躺着睡觉。曲靖话用法如：“他家那个姑爷，好吃懒做，一天到晚就只会在屋头（里）挺尸。”

8. 死砍头的

（10）门浅户窄，也有一班死砍头的青年子弟，打扮的油头大辫，像是魂掉在我家似的，一会儿走过来，一会儿又走过去。（下/六十九/653）

这句詈语是在咒骂对方早死，曲靖话说成“死砍头滴（的）”，此外还有“小砍头滴（的）”“憨砍头滴（的）”等说法，意思相近。

9. 腥气

（11）今天煎饼不大对，吃在嘴里有些腥气，难道你不觉得？（上/三十五/256）

“腥气”在此处是一个形容词，等同于普通话里的“腥”。曲靖话用法如："我觉得海鲜吃起来腥气得很。"

10. 落后

（12）我拿着他不肉疼的洋钱挥霍，落后便不能叫他信用。（上/三十七/275）

此处"落后"是一个时间副词，相当于普通话里的"以后""之后""后来"等。曲靖话用法如："我昨天没找着他，落后才认得他前天已经克（去）昆明了。"

11. 现形

（13）我早当你的娘家死得干净了，谁还跑去活现形？（上/四十三/344）

"现形"相当于"丢人现眼"的意思。曲靖话用法如："你快冇（不要）出克（去）现形了，我都替你不好意思。"

12. 这向

（14）卞先生这向时见阿三同他家很为疏远，父女心里都怀着鬼胎，深恐阿三有悔婚之意。（上/十六/97）

"这向"表示"这一段时间"。曲靖话用法如："我这向一直没见着他们，刚才才认得他家早就出门克（去）旅游了。"

13. 上复

（15）你请回去吧，上复我家亲家太太，说春儿的公公一时病总不能好，目下想着是遇见邪鬼了。（上/二十一/145）

"上复"是明清时期官场中下级对上级的常用语，表示一种请求的语气。曲靖话用法如："我上复你冇（不要）闹了，我脑壳都疼了。"

14.磨折

(16)我少年虽则受过许多磨折,但到现在能够如此,我虽死也对得住你的父亲了。(下/一百/901)

这是一个逆序词,普通话里说“折磨”,在曲靖方言里是反过来说成“磨折”,既可当动词,也可做名词,意思与“折磨”一样。曲靖话用法如:“娃娃这个月经常生病,天天往医院头(里)跑,太磨折人了。”“这个小姑娘从小也是不当子(可怜),受了她那个继母恁个(那么)多磨折。”

15.消(宵)夜

(17)你身边带着洋钿没有?如带着洋钿,我带你到广东馆子里吃消夜去。(下/六十三/579)

和“磨折”一样,曲靖方言将“夜宵”颠倒过来说成“消(宵)夜”,意思不变,只作为名词使用。

16.头路

(18)不好,怎么当奴才的还要拿出钱来报效主人?这可不是头路了。(上/二十九/199)

“头路”在这里相当于“门路”的意思。曲靖话用法如:“你不好好读书,以后咋个(怎么)找得着头路过日子?”

17.在先

(19)我在先当扫地夫,不是同你一样,后来得天主怜悯,将他的荣光照着的。

“在先”是“之前”“以前”的意思。曲靖话用法如:“我在先就给他打过电话了,但他一直没接。”

18. 卫护

(20)也是卫护老爷，让老爷同他在二处，一半也还防范着他。(上/四十九/419)

“卫护”在这里是为某人说话，包庇或偏袒某人。曲靖话用法如：“做家长滴(的)不要处处卫护着自己滴(的)娃娃，不然把他们惯坏了。”

19. 几时

(21)我以后除非不会见她，若是会见她，看我饶得她过，倒要问问我几时允许她去嫁人的。(下/七十七/740)

例句中人物说话时带有质问反问语气。在曲靖话中，对于时间的提问，正常语气的情况下用的是“哪哈”“哪阵”，表达质问反问语气时，曲靖话用法和例句相同，如：“你冇(不要)胡扯，我几时说过你今天可以玩电脑?”

20. 背时

(22)虽然知道似珠是真都督的姨太太，然而都督已死，他哪里再侍奉这背时的姨太太呢，遂拿话支吾，不肯同柳春相见。(下/七十八/750)

“背时”是倒霉、不幸的意思。曲靖话用法如：“太背时了，我滴(的)新手机才用了三天就着(被)偷掉了。”“我是咋个(怎么)会遇着你这个背时婆娘?”

21. 早起

(23)这因为今日大早起，来了一个少年客人，适才关道叫厅里拿他，说是甚么革命党的头脑儿。(下/五十三/476)

(24)偏生这天早起,他的家人忽然拿着一张名刺进来,说是有客要见。(下/八十八/834)

这里的"早起"是个名词,表示早晨这个时间段。曲靖话用法如:"今早起我一出门就遇着两个老同学。"

22.调羹

(25)朱二小姐忙拿了一只小碗,倒了半碗参汤,又拿了一只小调羹,递给三姑娘,轻轻地往她嘴里送了两调羹,大家就寂静无声地坐着。(下/九十九/942)

曲靖话也把"勺子"称为"调羹",专指用来取盐或糖等较小的勺子。例如:"糖冇(不要)放太多,一调羹就够了。"

23.索子

(26)你说的话,我敢不依?我巴巴地还配了一根金索子,你拿去讲究用罢。(上/四十二/333)

"索子"指绳子,曲靖话不论绳子粗细,都称其为"索子"。曲靖话用法如:"你克(去)拿根细索子挨(把)那堆柴捆起来。"

24.夜头

(27)何氏笑道:"恐怕夜头早晚,你姑娘要用,好预备着。"(上/四/23)

"夜头"指夜间、夜里。曲靖话也只说"夜头",例如:"娃娃天天夜头都要哭好几回,也认不得到底是咋个(怎么)了。"

25.汪

(28)小红摇摇头不肯答话。那两个眼胞里,已不禁汪着一泓秋水。(下/六十三/579)

“汪”指水滞留或积存。曲靖话用法如:“你望望地上汪的(着)恁个(那么)多水,快克(去)拿抹布来擦干净嘛。”

26.皮脸

(29)他们好比学校里那些顽皮学生,老师尽管在台上苦苦讲,嬉笑的还是嬉笑,皮脸的还是皮脸,也不拿耳朵去听一下。(下/八十八/832)

“皮脸”在这里指小孩子调皮,不听话。曲靖话不说“调皮”或“淘气”,都用“皮脸”。例如:“你要好好听你奶奶滴(的)话,有(不要)皮脸。”

以上 26 个词语中,除个别词语,例如“消夜”“夜头”出现在了与云南接壤的贵州和广西方言区,其他绝大部分词语在这些地区没有出现,为曲靖方言区独有。

四、《广陵潮》和曲靖方言里的“K-VP”型问句

汉语方言中存在着两种不同类型的反复问句:一种是大多数方言中的“VP 不 VP”问句;另一种是在句子的谓词前加上疑问助词“可”“阿”或“格”等构成的“K-VP”型问句,“可”“阿”“格”在这里均是标音词。朱德熙(1985) 认为这些疑问副词,如“阿”“格”等,很可能同出一源。安徽、江苏的江淮官话中的反复问句多为“K-VP”问句,疑问助词一般用“可”;苏南吴语区吴方言区的反复问句也是“K-VP”问句,疑问助词一般用“阿”;但目前发现的“K-VP”型问句分布最广、土地面积最大、最为集中的地区是云南方言区。《广陵潮》里“VP 不 VP” 和“可 VP”型两种句式都有。《广陵潮》中“K-VP”型(包

括“可 VP 不 VP”型)出现的频率远高于“VP 不 VP”型。朱德熙(1985)认为,扬州话中同时存在这两种反复问句和扬州处在南北过渡地带有关。《广陵潮》中的“可 VP”(包括“可 VP 不 VP”)型反复问句如下:

(30)那男子道:“听见了,可能求求仙姑,再减少些?”(上/一/4)

(31)请问他们可曾因有这些法术,便捉住一个纸人儿?(上/七/40)

(32)麟儿你今日一天课玩够了,累我等到此刻,你身上可冷不冷?(上/十八/119)

(33)过了几天,周氏商议着要回家去走几趟,问田焕可同去不同去?(上/二十一/143)

(34)我同你二十几年夫妻,我可曾安着过坏心?(下/六十二/568)

《广陵潮》中的“VP 不 VP”型反复问句如下:

(35)又问:“你这狗头,该打不该打?”(上/七/40)

(36)若被人看出破绽,我明日还见人不见人?(上/八/45)

(37)又回头对着崔五道:“你看咱老子这般待他,还厚道不厚道?”(上/ 四十二/325)

在今天的曲靖话里,所使用的反复问句形式为“K-VP”型,用例如下:

a.你今天格要上班,不上么格可以帮我个忙?(你今天要上班吗,不上的话可以帮我个忙吗?)

b.他格是不喜欢我?(他是不是不喜欢我?)

c.你格够得着树上滴苹果?(你够得到树上的苹果吗?)

d.格还有哪个要报名? 没得滴话我就要交表啦。(还有谁要报名吗？没有的话我就要交表了。）

以上实例可以看出，曲靖方言和扬州话的“K-VP”型问句有着极其相似的句法结构和语用功能。从整个“K-VP”型句式来看，尽管可能由于各地方音影响导致“K”的形式有别，“K”主要出现在动词、助动词或形容词前面，主要作用是显示“疑问焦点”；“VP”可以是判断动词、表态词、助动词、形容词、表认知心理的动词等，句法功能相当于“V不V”和“VP吗”。

上古便存在的“K-VP”型问句在文献中分布不均匀，唐五代、宋代的作品中也很少见；明清时期分布得也很不平衡，在江淮官话作品中大量出现并成为占优势的疑问句式。根据前贤相关研究，在现代，“K-VP”型问句的分布相对集中，根据地理位置，可以把它们分为A、B两个区。A区为吴语区、江淮区、客家区、胶东半岛区，B区为云南和四川攀枝花。调查发现，A区中胶东半岛“K-VP”型问句的使用呈现衰弱的趋势，江淮区是出现“K-VP”型句式的点最多的地区。

除去江淮地区，“K-VP”型问句最为集中的地区就是云南。从整个云南省来看，“K-VP”型问句使用的地域很广，遍布云南的中、南、西、东北部，几乎覆盖全省。云南有26个民族，其中绝大多数有自己的语言。丁崇明（2009）查阅16种云南少数民族简志后，发现其中只有1种语言有“K-VP”型问句，有6种语言有“VP不VP”型，有9种民族语言简志没有反映这些语言是否有正反问句。由此来看，云南省汉语方言“K-VP”型问句不可能是汉语与当地少数民族语言接触的结果。对比与云南邻近的同属西南官话的贵州、四川、广西也都几乎没有这种问句，这就排除了受周边方言影响的可能性。由此基本可以确定“K-VP”问句不是西南官话固有的一种语言结构，云南官话里的“K-VP”问句是明朝江淮方言区的汉族移民带来的。

五、结语

詹伯慧(2001)指出:“基本词汇和语法构造是语言中最为稳固的成分,从基本词汇和语法构造中体现出来的某些显著特点,对于划分方言能够发挥的作用无疑是不亚于语音方面的特征的。”可见词汇和语法构造是方言研究的重要依据。曲靖方言属于西南官话昆贵片,扬州方言今属江淮官话下的洪巢片,自东晋以来,江淮官话的核心地区(江淮之间)基本没有分裂过,发展较稳定。《广陵潮》应是用江淮官话所写的,书中的一些方言词语和“K-VP”问句在曲靖方言中可见,但在黔桂等西南官话地区则少见或不见,可见曲靖方言底层有江淮官话的残留,这也进一步佐证了云南官话和江淮官话的密切关系。

参考文献

[1]吴波.江淮官话语音研究[D].上海:复旦大学,2007.

[2]冯法强.近代江淮官话语音演变研究[D].天津:南开大学,2014.

[3]丁崇明,荣晶.云南方言“K-VP”问句来源及其相关问题探讨[J].云南民族大学学报(哲学社会科学版),2009(6).

[4]曾晓渝,陈希.云南官话的来源及历史层次[J].中国语文,2017(2).

[5]朱德熙.汉语方言里的两种反复问句[J].中国语文,1985(1).

[6]詹伯慧.汉语方言及方言调查[M].武汉:湖北教育出版社,2004.

三

学科教育类

河北辛集中学高一年级自主管理现状调查及分析

□ 魏彭园、张　亚

摘　要：当前，我国正在进行新一轮的基础教育课程改革，这一次变革的目标是要突出学生的主体地位，强调学生的全面发展，重视培养学生的独立性和自主性。作为中学教育教学改革重要内容之一的班级自主管理，已经越来越受到教育研究界的重视。但是在具体实践过程中，班级自主管理对策的构建和实施仍存在许多问题。在此，针对河北辛集中学高一年级做了自主管理调查并进行分析。本研究有助于丰富班级自主管理的理论研究，加快班主任的专业发展，促进学生的健康成长，推进班级自主管理的实施。

关键词：自主管理；班级；调查；高一

一、导论

（一）学生自主管理的意义

学生自主管理对于学生个性的全面发展，对于班集体的形成和巩固，对于减轻班主任的工作压力，对于学校优良校风的树立，均具有十分积极的意义。

1.使学生更具有主动性、自主性、积极性

学生参加班级的管理与建设,给予他们更多的自主权和锻炼机会,使其可以表现自己的能力和才干,既能唤起他们自身的责任感和荣誉感,也有利于克服传统管理教条化、公式化的弊端。在自我管理下他们会反思自己的行为是否正确,自我判断,自我反省,形成正确的道德观,有益于其自觉、自律和自主能力的发展。

2.班主任可以更为高效地管理班集体

学生参与班级管理建设可以大大减轻教师的工作压力。教师一个人的能力是有限的,不可能做到面面俱到,在学习、纪律、卫生、体育、安全等各个方面总有考虑不到的地方。学生的自主管理很好地弥补了这一点。学生们各司其职,既减轻了教师的工作负担,又锻炼了自己的能力。教师在此时可以只是一个引导者,抓住几个重要方面对学生的自主管理加以监管和方法上的指导,可大大提高管理班集体的效率。

3.有利于班风、校风的建设

班风和校风是学生群体共同具有的、富有特色的、稳定的行为倾向,它体现出学生共有的精神风貌。学生是群体中自我管理的主体,他们在自主管理过程中,自我认识、自我组织、自我监督、自我调控、自我激励、自我评价、自我适应等能力能迅速得以提高,从而为优良的班风、校风的建立准备条件。

(1)为更好地管理班集体提供理论指导

在河北辛集中学实习的过程中,我们观察发现学校的自主管理虽然取得了一定成效,但仍旧存在着一些问题。基于这个现状,我们决定进一步调查了解河北辛集中学的自主管理情况,从而为问题的修正提供一些借鉴,为更好地管理班集体提供科学的理论指导。

(2)改变学生观念,锻炼学生能力

有些学生的主人翁意识不强,存在着“各人自扫门前雪,休管他人瓦上霜”的心态。为了改变学生这种错误观念,进一步提高学生的自主性与积极性,锻炼学生的管理能力,提高学生的素质,促进其全面发展,从而要全面地了解学生自主管理的现状,进而提出相应的方法和措施。

二、班级自主管理的内涵与特征

(一)班级自主管理的内涵

学生自主管理,可分解为两个意思:一为学生自觉主动的管理,即学生“自己管自己”;二为学生自己做主的管理,即“学生管学生”。对高中学生自主管理的概念,从对象、依据、地位、内容、形式、途径、目的7个方面来界定,其中内容方面包括整洁行动、环保行动、无烟行动、健康行动、安全行动、礼仪行动、诚信行动、自主管理行动。

班级自主管理是学生自主管理最重要的一个方面。学生作为班级管理的主角,能充分发挥学生自我教育、自我管理的积极性和创造性,使自身在班级自主管理中学会自立、自治、组织与合作,从而认识并发展自己。学生通过参与班级管理实践,可以对自身固有的道德价值观进行再认识,进行理性思考后做出道德选择,促使自己的道德素质及自主、自觉、自律能力的形成。本文中的自主管理是指班级学生在班主任有意识的培养和引导下，充分发挥自身的主体性，协调一致地达到班级教育管理目标的过程。

班级自主管理有多种形式，如班级理事会管理制、班级管理委员会制、干部轮岗制等。这些管理形式具有以下共同特点：强调学生在班级管理中的主体性，强调班级成员的平等参与性，强调班级规章制度的契约性，强调管理结构的平面网络化，强调管理活动的合作性，弱化班主任及其他老师的主宰地位，强化其指导地位，强调对话和反思。当然“自主管理”并不是班主任什么也不管，也不是让学生束缚自身，而是在此过程中形成班主任指导下的班干部管理模式，使其在班主任的启发、引导下合作探究，激发学生不断学习，不断追求，养成良好学习习惯，并不断提高自身的综合素质，学会协调自己与他人、集体的关系，做一个对班级、对社会有正能量的人。

（二）班级自主管理的主要特征

1.学生主体性凸显

主体性是作为社会生活主体的人在实践活动中表现出来的自主性、能动性和创造性，其行动的动机是自觉的，行动的过程是自主的，行动的结果是独创的。21世纪是一个“信息化时代”和“学习化时代”，它对人素质的要求更加全面，更具有个性、创造性及广泛的适应性，这赋予主体性以全新的意义和价值，即把人的全面发展作为终极目标，要求人不但要生活于现代，而且要能幸福地享受现代文明，要有参与政治、经济、文化、科学、艺术等活动的能力。教育者的重心，不再仅仅是传授给学生固定的知识，而是更加注重塑造学生完美的人格，使学生学会生存，学会认知，学会做事以及学会共同生活。

2. 班主任的角色转变

传统的领导角色往往颇具“一夫当关”“指挥全局”的气概，班主任的作用主要是指挥、控制、协调，但这已不适应时代的发展。当今最前沿的管理理论——学习型组织理论指出，领导的创新角色应是设计师、服务员和教练员。新课程改革的出发点是“以学生的发展为本”，这要求班主任在班级管理中要注重学生的独立性和自主性，体现“以人为本，全面发展”的新教育观。班主任由班级的“控制者”转变为班级的“参与者”“引导者”，是班级自主管理的趋势。

3. 释放集体活力

“众人拾柴火焰高”，一个班集体最重要的是团结的力量。班主任在最大限度地调动并发挥全体学生积极性的基础上，让学生从不同角度为实现集体总目标做出贡献，让每一个学生在集体中找到一个既符合期望又让他们自己感到满意的位置，对班级产生归属感与幸福感。整体互动思考、协调合作的群体，产生大量的思维碰撞，才能产生巨大而持久的创造力，为班级的发展提供源源不断的动力。

三、河北辛集中学高一年级自主管理调查与分析

调查所用方法主要有：

第一，整体问卷调查。

在承担课题研究的585、591班中由班主任发放调查问卷，学生逐一填写，当场交卷，不做评论，力求真实反映学生思想。问卷内容有25道选择题、5道问答题，共三大类：学生对班主任的理解与信任程度；班主任自身工作态度及修养对学生的影响；学生对班主任寄

予的希望。从中看出班主任与学生素质发展的关系及在学生素质发展过程班主任所起的作用。

第二,个体抽样谈话。

对承担课题研究的学生及未承担课题研究的学生都通过个别交谈、访问等方法收集学生对调查问题的看法、观点,以弥补问卷面对一种群体研究的不全面性。

(一)585班数据分析

1.1至5题

(1)同学们能够服从班干部的管理,79%的同学认为自己认同他们的管理,积极配合他们的工作,而且愿意奉献自己的力量。

(2)91.4%的同学愿意为集体和同学们服务。

(3)81.5%的同学对现在的班级管理状态比较满意。

(4)41%的同学在班里都有一定的职务,自主管理参与度很高。

(5)30%的同学作业有时候没有完成,学习的自觉性方面仍须加强。

2.6至15题

(1)学生的计划与目标往往不能达到,在一定程度上需要外界监督。

(2)学生具有一定的反思意识,出现问题时会从自身找原因。

(3)班级在班主任指导下,由班干部管理,班干部由学生自荐、公开竞选产生。

(4)班级午休管理小组、自习管理小组等自主管理小组形同虚设。

(5)多数情况下班级开展活动时,不同的情况会采取不同的方式。

(6)班级自习纪律有管理者,管理得当,室内安静。

(7)在班级晨读、卫生习惯等自觉性方面,40%的学生认为依靠班干部督促,31%的学生认为依靠同学们互相督促,21%的同学们认为同学们足够自觉。

3.16至20题

(1)40%的同学认为在晨读、卫生习惯等方面需要班干部督促,31.4%的同学认为需要同学们互相督促。

(2)大部分同学不了解班干部做事情的态度。

(3)50%的同学认为自己没有能力管理好自己的班级。

(4)87%的同学认为几乎没有机会参与班规制定、纪律管理等班级事务,缺乏主动性和自我管理意识。

(5)55.7%的同学认为自己在班级中扮演的角色不重要,缺乏主人翁意识。

(6)大部分同学认为班级由学生和老师共同管理比较好。

(7)同学们愿意为班级管理服务,积极参与各项活动,积极配合班干部的管理,对班级管理较为满意。

4.21至25题

同学们主人翁意识不强。有48.2%的人认为自己在班里不重要,但是遇到问题,大部分人的责任心较强。54.3%的人能够积极响应,但是也有39.5%的人看班主任的态度,较为被动。

(二)585班自主管理总结

班级在班主任指导下由班干部管理,班干部由学生自荐、公开竞选产生,这大大加强了学生民主管理的力度。同学们愿意为班级管理服务,积极参与各项活动,积极配合班干部的管理,对班级管理较为满意;但是在个体自觉性方面自主管理较差,还需要相互督促。有同学认为自己在班级中扮演的角色不重要,缺乏主人翁意识。午休管理小组形同虚设。大部分同学不了解班干部做事情的态度,反映了学生们课下时间交流并不全面。

(三)591班数据分析

1.1至10题

总体来看,该班自主管理具有一定的成效。主要表现在:

(1)纪律管理方面,课前纪律、迟到的检查成效显著。

(2)绝大多数同学在受到批评后能够首先反思自己的行为。

(3)基本形成了在班主任指导下由班干部管理的管理模式。

但也存在一些问题,主要表现在:

(1)培养学生自主管理意识的原则未充分落实。

(2)在健康行动等方面有所欠缺,卫生健康方面未做到位。

(3)班干部选举方式受到争议,说明学生更倾向于民主选举。

2.11至20题

(1)班级管理者的选取缺乏群众基础,选取方式单一。

(2)班级管理者的选取范围狭窄,班级制度的制定和班级的管理只有少数学生能参与。

(3)部分学生对自主管理知之甚少,也不清楚班级管理者的工作方法。

(4)班级管理者不能面面俱到,有些方面的工作会有疏漏。

(5)部分学生对班级活动、班级管理没有积极性,缺乏热情,认为事不关己。

(6)班级管理最普遍、最有效的方式是学生之间互相督促,学生自觉维护班级秩序。

3.21至25题

同学们主人翁意识不强,有48.2%的人认为自己在班里不重要,但是遇到问题,大部分人的责任心还是挺强的;54.3%的人能够积极响应,但是也有39.5%的人看班主任态度,较为被动。

(四)591班自主管理数据分析

班级形成了班主任指导下的班干部管理模式,班干部由老师决定,班级管理者的选取范围狭窄,班级制度的制定和班级的管理只有少数学生能参与。班级整体决策由班级里的"智慧担当"进行表决,也由此产生了很多问题:部分学生对班级活动、班级管理没有积极性,缺乏热情,认为事不关己;班级管理者不能面面俱到,有些方面的工作会有疏漏,但同时学生的个体能动性被激发。班级管理最普遍、最有效的方式是学生之间互相督促,如此则学生自觉维护班级秩序,集体活动参与度较高,对班级决策建言献策,较积极地表达自己的诉求。

(五)问卷调查简答题分析

主观问答主要以什么环节没有完善、什么原则没有遵守、什么方面没有涉及三个方面来调查学生自主管理的情况。

首先,根据学生反映的情况来看:

第一,学生自主管理的素质基础还没打牢,如学习主动性不够,吃饭拥挤,食堂占座,医务室有人偷玩手机,有非正常男女接触等。

第二,管理人员的问题:班干部自觉性不高,有利用自己职权登录老师账号上网等现象。

第三,管理不够有效,上自习课不能立即安静下来。

其次,自主管理对学生生活的影响:

自我约束能发掘自己的潜力,有利于自己的发展,培养独立自主的能力。但在管理别人的时候不能很好地监管自己,如果时间安排不合理反而影响学习。

调查对象的自主管理也有一定成果:

第一,纪律管理方面,学生能参与制定班规,学校形成了学生会组织,学生会的"小红帽"负责课前纪律以及跑操、迟到、大会纪律等。

第二,学习上,自习课早读等自主学习时间紧张而有序,学校也要求同学们对自己进行了学习规划,考后须充分反思且制定下次目标。

第三,生活上,班级卫生、宿舍、社团及校园活动井然有序,都是学生自主管理的结果。尽管老师约谈制度十分完善,但是在生活方面,有的学生还是会比较迷茫。

第四,卫生、纪律、学习优胜个人及班级等各方面评选到位。

四、总的来看，自主管理做到了：

第一，在自习课堂上学生自己保持良好的学习氛围。

第二，公共环境整洁卫生。

第三，学生在自主学习管理上能力得到一定的提高。

第四，监管到位，但都是被动监管，主动反映的情况少。

五、河北辛集中学自主管理评价及改进措施

（一）对河北辛集中学班级自主管理的评价

在对河北辛集中学高一年级的班级自主管理的调查中，我们采取抽样调查的方式抽取理科班级591班和文科班级585班，并从中抽取个体进行更为详细的问答。首先，我们发现高一年级班级形成了班主任指导下的班干部管理模式，于学生而言，管理是“有生命”的。其次，班级管理制度转型已有一定成果。但是也存在一些问题：学生作为不稳定的团体，尽管老师约谈制度十分完善，但是在生活方面，有的学生还是会比较迷茫；部分学生对班级活动、班级管理没有积极性，缺乏热情，认为事不关己；班级管理者不能面面俱到，有些方面的工作会有疏漏；学生素质基础还没打牢，如学习主动性不够，吃饭拥挤，食堂占座，医务室有人偷玩手机等。总之，班级的自主管理需要学生们加强自律意识，以此在班主任的引导下激发更多的潜能去实现自身的价值。

（二）河北辛集中学自主管理的改进措施

苏霍姆林斯基有一个著名的论断：“真正的教育是自主教育，是

实现自主管理的前提和基础，自主管理则是高水平的自主教育的成就和标志。”借鉴苏霍姆林斯基的观点，我们完全可以这么说：真正的管理是自主管理。班主任是班集体的引导者和组织者。教师充当班级管理顾问和参谋的新教改理念也是素质教育的必然趋势。因此，班主任在有效地进行班级管理的过程中，不能唱独角戏，一厢情愿地严格管理；关键是要教育并指导学生学会自主管理，做到每个学生既是管理的对象，又是管理的主体，达到“管，是为了不管”的目的。

1. 提高学生自主管理班级的正确认识

我们认为，所谓“班级学生的自主管理”是指学生自己主动采取的，用来控制和协调班集体、小组、个人以及各种环境、物质因素的行为。班级自主管理的基本和前提是自主教育。教育学告诉我们：学生虽然小，但随着年龄的增长，自主意识会逐渐强烈。这使得他们要求成人把他们当大人看待，他们逐渐有独立的见解，要求独立，急于摆脱大人的监护，什么都想自己干。作为班级管理者的班主任，在这一关键的时期，就应顺应学生意识发展的规律，激发并引导学生自主意识的发展，使他们达到自主意识的高层次，倡导并激发学生的自主管理行为。

2. 学生自主管理的实施

第一，我们应让学生民主选举产生班委领导班子，发挥班委会、团支部的核心力量，并大胆放权给班委，以发挥他们的主观能动性与工作的积极性，使他们有一个宽松的工作环境，真正成为班主任的得力助手与班级的中坚力量。俗话说：“火车跑得快，全靠车头带。”一个好的班集体，班干部所起的作用不容忽视，作为班级的火车头,他们起着“唯余马首是瞻”的作用。

第二,充分激发每个学生自主管理的意识和参与欲望,爱护学生自主管理的积极性,经常进行成就强化。只要教育得法,每个孩子都会成为班级管理的积极参与者。

第三,帮助学生干部解决一些他们自己解决不了的难题。这种难题主要集中在对一些学困生的引导和转化上。外界的表扬在很大程度上影响着孩子的情绪和行为,学困生更迫切地需要被认同,被赏识。因此,我们要善于发掘他们的闪光点,让他们做力所能及的事,并给予鼓励,使其得到集体的认同。

六、结论

(一)班级管理现状分析

以往的班级管理模式是班主任全权负责的一种模式,班主任身兼数职,既要与任课老师协调联系,又要负责班级的各项活动,还要承担教学任务。这对班主任来说是一种巨大的工作压力,同时班主任不可能做到面面俱到。目前,制度尚未对班主任职责给予清晰的界定,导致班主任岗位定位不明晰。再者,落后的管理方式不能适应新时期学生发展的要求。传统的班主任全权负责,“我说你听”的班级管理方式仍然在我国很多学校中运用。这种“一手包办”式的班级管理方式,忽视了学生自主的要求,不仅抑制了学生个性发展,而且易导致班主任与学生、班干部与一般学生间出现矛盾。该种管理方式的沿用与素质教育的本质相悖,也与学生发展规律不相符。随着社会的发展,班主任管理自身存在的弊端逐渐凸显,而学生自主管理以其促进学生个性发展和自主管理能力等优势，越发引起教育工作者的重视。

(二)学生自主管理的前景展望

2001年，经国务院同意，教育部颁发了《基础教育课程改革纲要(试行)》，启动了新一轮基础教育课程改革。课程改革在全面实施素质教育中发挥了核心和关键作用，带动了基础教育观念、人才培养模式、考试评价制度、师资队伍建设、教育管理等方面的配套改革、整体推进。学生自主管理正是素质教育的重要实现手段。它有利于学生从自律前提下的自信走向自主，从自主走向自立，从自立走向自强，最终从自强走向自如，即能够灵活自如地适应社会的发展并推动个体和社会的不断发展。学生自主管理的教育模式必将会不断发展壮大。

笔者联系教师的工作实际，并以河北辛集中学高一年级为例，对高中生班级自主管理的现状进行了问卷调查、访谈和案例分析，发现当前高中一年级各班级在实行自主管理过程中存在的问题包括：学生参与自主管理的积极性低、学生自主管理信心不足、班主任角色定位不清、班主任对自主管理的认识不深刻、学校对实行自主管理的支持和配合力度不够。本研究有助于丰富班级自主管理的理论研究，加快班主任的专业发展，促进学生的健康成长，推进班级自主管理的实施。

参考文献

[1]朱超华.教师核心能力发展与教师管理模式变革的研究[D].广州:华南师范大学,2006.

[2]陈盼,徐莉,侯辛锋等.教育培训的全新变革——让教育培训有思想、有灵魂、有力量[J].未来教育家,2015(5).

[3]刘义.创新班级管理方法[J].新课程研究(下旬刊),2014(7).

[4]李小兰.我国基础教育课程改革政策[J].中华少年,2016(14).

四
影视戏剧类

《犬之岛》:韦斯·安德森影像风格的集合

□ 万雯昕

2018年暮春时节上映的定格动画[①]电影《犬之岛》,无疑是韦斯·安德森导演“极致影像风格”的延续。被观众所熟知的极端构图与定格动画特殊审美意境给观众呈现出全新的动态幻觉。电影讲述的是在未来的日本某地,所有狗狗都被流放到荒岛上,一个小男孩儿为寻找自己心爱的宠物狗踏上漫漫旅程的故事。该片逐渐被众多影评人分析为一部通过爱与童趣反映政治阴谋的成人童话。安德森将一丝不苟的“对称”视觉体验贯穿在由黏土、尼龙搭建起来的虚拟空间里,每一幅都是低饱和度的调色和“强制力”的完美构图。让所谓的动画时空不断接近真实,又通过巧妙的视觉设计划分银幕与观众的界限,这也是他创作“作者电影”浪漫的一面。

① 定格动画:通过逐格地拍摄对象然后使之连续放映,从而产生仿佛活了一般的人物或你能想象到的任何奇异角色。定格动画一般都是由黏土偶、木偶或混合材料的角色来演出的,故也被称为“偶动画”,这样的动画形式比传统意义上的手绘动画历史更加悠久。

一、被削弱的主题色调

心理学将红、黄、绿、蓝作为四原色，韦斯·安德森的真人电影往往利用四种色彩的拼凑组成或明丽或复古的主题色彩。从《月升王国》的橙黄色、《穿越大吉岭》的青蓝色，再到《布达佩斯大饭店》的粉紫色，真人电影的色系在温度、空间、情感心理上带给观众不同的感官刺激，将观众代入一个绘本式的电影世界。这些主题色调与故事相得益彰，大色块的撞色和组接形成视觉上的心理补偿，加之构图的疏密有致，使得没有出现任何幻想元素的真人电影产生空间维度的错位感。而作为定格动画电影的《了不起的狐狸爸爸》和《犬之岛》却极其重视"真实感"的回归。

韦斯·安德森在《犬之岛》中削弱了色彩上的冲击力，观众第一时间注意到的不再是明丽的颜色，而是构图或物体的造型。影片中流放犬类生活的垃圾岛天空灰扑扑的，低饱和度的灯光模糊了明暗界限，柔和光线下几乎没有阴影的存在。配色不再像油画一般精致细腻，而是被处理得"合情合理"。这部定格动画中的四种主要配色为：白、灰、棕、红。前三种冷色作为影片的主题色调，冷色系的质朴感在视觉上增强垃圾岛的荒芜感，男孩儿和狗狗的情谊也在这样温和自然的色调中逐渐升温；而作为暖色系的红色是日本古典建筑中的流行色，被用在了小林市市长讲话的会议大厅和华美的神社舞台上。影片中三位壮汉在三束聚光灯下演奏日本太鼓，他们身穿红色长裤与红色的鼓身相适宜，打击节奏是激烈的快节奏的战鼓调。小林市市长也在象征贵族权威的红色帷幕下发表自己排斥犬类的激烈演讲。

无论是岛屿静谧的清冷风格，还是会议上庄严的红色，专属特殊场景的色彩搭配通过视觉给观众带来心理上的潜在压力:似乎总有一种情绪在暗中涌动,并且会在接下来的情节中暴发。

韦斯·安德森将“童话感”的色彩穿插在不同的现实题材中,将沉稳的灰色毫不吝惜地放置在定格动画里,产生一种“冷峻的现实感”。

二、封闭的极致对称构图

《犬之岛》的道具师们在完成模型骨架和乳胶外壳拼装之后,会对犬类模型进行二至三层的毛发植入。模型上的细节要求拍摄现场的灯光一定要与模型舞台贴合。又因为“定格动画拍摄本身就是一个真实的空间”,它所带来的真实空间感是其他动画形式无法比肩的。非数字光源赋予黏土人偶外化的情感,而灵活真实的光线弥补了构图上的不足。

《犬之岛》端正规矩的封闭构图、密集拥挤的前后景形成一种浮雕般的平面效果,这样的电影更像是在记录一场舞台剧。因为模型舞台的空间局限人物运动受到极大的限制,而导演极为热衷于平行运镜,使得角色像是在长长的画布上行走。影片中,流浪狗与男孩儿的行进路线就是沿着画面横纵轴向左或向上推进。

似乎对于空间立体感的镜头要求在安德森的电影里显得怪异。这些单调到乏善可陈的运镜虽然缺乏张力,但所产生的强烈形式感搭建出了一个“根据安德森的规则运转的世界”,也让封闭的空间里延续着韦斯·安德森导演的“强迫症对称构图”下的有序。影片中推拉的玄关、绯红色的浮世绘墙面……对比宠物狗流放的空旷垃圾岛和人类生活的空间给观众带来一丝局促感。这些紧凑排列的室内陈设和低矮的光源组成无形的框架，对画面进行二次框定，讲述一个封闭社会环境下人们的思维走向二元化极端。而安德森对于“窗户”和“通道”的执着，让角色从画面深处笔直地走到镜头前，又用直观的纵深感弥补了封闭构图空间延展性的缺乏。

三、标志性的主观镜头

对于“俯瞰的主观镜头”的使用成为安德森标志性的镜头语言。除开展示物件，更能表现张力的是通过俯瞰主观镜头展示一种技能。这样的镜头常常出现在故事转折点，用主观俯瞰拍摄反派对主角做出的破坏性行为。在《了不起的狐狸爸爸》中，猎户开来挖掘机要摧毁狐狸一家，镜头对准操控挖掘机的手，在这双手娴熟的操作下，狐狸一家的小屋瞬时土崩瓦解。这台邪恶的机器让小动物们不得不挖洞逃跑，使得人与动物们开始正大光明地斗智斗勇。

在部分悬疑片中，这样的镜头直接给面对银幕的观众进行暗示：接下来将有坏事发生。这种符合人眼视觉的镜头设计把悬疑惊悚的氛围推向极致，观众将神经紧绷等待后续情节。这样高度紧张的镜头的出现成为韦斯·安德森影片中的固定模式，此时童话样式的文艺故事因为主观镜头的代入感让人有些毛骨悚然。

而在《犬之岛》中，主观俯瞰镜头将观众拉上邪恶阴谋的操作台，观看一场蓄谋已久的毒杀：活剥生鱼，切开还在蠕动的章鱼须，点上带有剧毒的芥末膏。第一人称视觉之后又被拉进暗处，隔着窗户观看毒杀成功和目标死亡。这时的观众不再是故事的旁观者，而成为阴谋的参与者被代入其中。

《犬之岛》的独特创意与视觉设计,同导演以往的真人电影有所差异:摒弃夸张的色彩搭配,在延续对称画面的基础上用道具与光线强调封闭构图与主观镜头。韦斯·安德森独特的影像风格再次得到观众的肯定。

《一一》:镜头下的都市生命

□ 邓雨晨

杨德昌的影片多有对台北的批判,其镜头下,城市人的疏离冷漠、传统道德伦理的颠覆、群体的精神危机等问题时常被揭露。而在影片《一一》中,导演以家庭为单位,表现了不同的家庭成员在一段时间内的生命体验,借由探讨了童年的疑惑、青春期的迷惘、中年人的危机等问题,将他对社会的敏锐观察和理解叙述给观众。其叙事方式以及镜头语言具有美学价值。

一、多维度的叙事

"这部电影讲的单纯是生命,描述生命跨越的各个阶段,身为作者,我认为一切复杂的情节,说到底都是简单的。"杨德昌在《一一》的访谈中谈道。在电影中,导演选择以多维度的叙事方式来记录简家四代人的生活。南俊和婷婷作为本片的主要叙述者,向观者展现了现当代都市生活里中年、青年所面对的难题和疑虑;婆婆和洋洋,一老一少,虽属于社会的弱势群体,但他们是故事中最为清醒、冷静且可以起到警世作用的角色;而对一味重复的生活充满怀疑的敏敏，在意生辰时运和金钱利益的小舅，同样是现代社会中典型的人物形象，在影片中有着不可或缺的作用。

小舅的婚礼是影片的开端，一家人在其乐融融的氛围中要度过小舅口中"最顺利的一天"。而喜宴的氛围却很快被冲淡，云云的出现彻底破坏了表面的平静，之后家庭、社会问题被一一暴露。导演将不同人物之间各自的生活轨迹以平行式的叙事方式进行了叙述。

南俊作为人们口中的"老实人"，他总是以沉默守望着四下的聒噪，无论是在家庭聚会上还是在公司里，旁人的插科打诨他都一笑置之。他是一名事业有成的中年人，也是一个妥协者、被利用者。他以"老实人"的角色被要求处理虚假、烦琐、旁人都不愿完成的工作，而他的意见、想法、抱负却不会得到公司的重视，更不会被采纳。他所接受的工作总是被无故中断，公司的决定总和他的想法相背离，这对于追求真实且怀有志向的南俊来说无疑是一种打击。在工作失利的同时，本以为会再次发生交集的初恋情人阿瑞，也没有告别地离开了。落魄的南俊回到家中，与刚尝到爱情滋味就陷入失恋的女儿婷婷碰面，各怀心事的父女都沉默不语，只是压抑着内心的不快与痛苦。

婷婷以旁观者的视角目睹了丽丽以及蒋妈妈各自的恋爱。有拥抱、接吻的甜蜜，更多的却是争执、打闹抑或是沉默，所以当爱情降临到自己身上时，她想要用力保护，想要避免矛盾，可小心翼翼维护感情的结果却是对方的逃避、怒吼，甚至是不解，最终遭遇的是一场无始无终的初恋。而后丽丽和胖子重归于好，这让婷婷再次陷入了对世界的怀疑中。现实让她又累又不能理解，她却只对外婆提起过内心的迷惘和伤痛。她问外婆："我没有做什么坏事，为什么这么不公平？"不幸的是，中风的外婆没有再次醒来，这带给婷婷莫大的自责和压力，而关于她的种种疑惑，或许只有在梦境中才能寻得答案了。

洋洋在与人相处的过程中总是处于弱势的一方，他被女生欺负，被同学嘲笑，被主任羞辱，被大家看成怪孩子，没有人听见他内心的声音，也没有人思考他对于生活的困惑。他在认识这个世界的过程中充满了无助与不解，也经历了自己不平凡的童年。他拿起相机拍摄人们看不见的后方，因为他认为完整的样貌才是真相。他甚至在走廊不停地拍照，只是为了告诉妈妈这里有蚊子。洋洋用自己独特的童年眼光看待世界，努力地证明自我的认知，天真幼稚却也引人深思。他在外婆病榻前默不作声，却将自己的成长与思念汇集成葬礼上那段隔空的感人对话。

《一一》的叙事不符合传统的主体性结构，也不在麦基的“多情节”范畴内。传统的主题叙事，强调影片的线索与人物关系紧紧围绕一个主体或一件事，而《一一》中，情节线之间没有因果关系，不具备强烈的关联性，呈现出一种互文却彼此独立的“灯笼式”结构。《一一》中，家庭成员间没有过多的交集，都沉浸在自我的思考和生活当中，处于分离状态，而在独立、平行化的叙事中，人生中的仪式（婚礼、婴儿满月、葬礼）又将人物加以联系。同时，导演以穿插的方式将人物串联。如南俊在日本和阿瑞重温旧梦时，两人的对话被天衣无缝地镶嵌在台北——婷婷和胖子牵手的画面里。镜头在两对情侣之间不断切换，四个人的爱情交错并置，有着东方式轮回的意义，冥冥中预示着婷婷和父亲同样的宿命。本没有交集的故事却又好似有千丝万缕的关系，体现了生命各个阶段有机的交叠和互渗，给人一种不可言喻的契合感。

二、风格化影像下独特的美学特征

《一一》中，导演杨德昌所关注的人群大多都是在高度物质化进程中精神状态极度失落的个体，他通过电影化的语言，展现了不同家庭成员的人生境遇，也表达了都市中的社会、人文景观和意识形态。而固定景别、机位的拍摄，以及长镜头、景深镜头的频繁使用，使《一一》有了更为独特的美学特征。

对于蒋太太家发生的事情，导演选择了以远景的方式客观地记录蒋太太和英语老师产生感情、发生矛盾的片段，以及莉莉和胖子在楼下约会、争吵的场景，而画面中的大部分空间都留给了高楼建筑或是其他公共空间，与记录对象保持了绝对的距离感和陌生感。远景的使用极大地拉开了人物间的距离和关系，弱化了情感的表达，观者只是跟随婷婷的视野观察都市下其他个体极小部分的生活，没有开端，没有结尾。而在南俊家中，家的概念也被淡化，家庭成员鲜有交流，好似家庭关系只是靠血缘和法律关系所维系。夜幕降临后，大家带着不知该与何人诉说的情绪走入了更私人化的空间，给人以孤独、沉默的沉闷感。

杨德昌作为新现实主义电影的实践者，继承了法国新浪潮电影和新德国电影观念，即以现实世界的外部真实和内心真实作为电影取材的基本依据，探索电影剪辑方法的真实效果，完善以长镜头为核心的电影再现美学在表现人生、反映社会心理中的巨大作用。

在《一一》中，杨德昌以长镜头的方式表现了城市的压抑感。导演以大量的长镜头对准门，以门作为空间的剪切点，也代表空间的转换。门是现代都市私人空间的象征，婷婷在蒋太太家的门外目睹着她和英语老师的感情被揭穿的尴尬，画面中只有衣衫不整的英语老师不断说着“对不起”慌乱逃离的画面。事实上，门一旦被紧锁，便仿佛与外界隔绝。导演选择不直面记录与主人公无关的故事，以近乎静止的画面伴随着丽丽家愈来愈大的争辩声，使观者感受到人与人的隔离，而家门内，一扇又一扇的房门又将相对完整的空间隔离开来。影片中洋洋总是背着看起来空落落的书包，懵懵懂懂地穿过一道又一道的门回到家中。因为年纪的关系，还需要被家人照顾的洋洋或许是可以打破“门”这一概念的关键人物，或者说，是家庭关系的纽带。可每当他推开门回到家时，大人们总是若有所思的模样，无人关注他的出现。观者跟随洋洋的眼睛看到了忙碌、冷漠又复杂的成人世界，因而对洋洋来说，远离人群的环境或许更为自在。对于房内画面的表现，导演多选择以固定的中景长镜头记录，如南俊和敏敏在卧室的交流。无论是在进山之前，对生活绝望到嘶声痛苦的敏敏，还是从与初恋情人再次分别后，感慨“再活一次也没什么不一样”的南俊，经历了种种变故之后，两人对人生的理解竟殊途同归。两人悲观消极或是恍然顿悟的情感以及内心的变化都以冷静的镜头语言呈现。激烈的内心情绪变化本可以选择特写镜头加以表现，加强电影的冲击感和表现力，而杨德昌仍坚持以长镜头的记录方式，带给观者平稳、连贯和真实的感受，以达到接近生活的审美效果。

在对长镜头的运用中，玻璃的镜像反射也是影片中一大重要的表现形式。如导演在表现敏敏在公司独自思索的长镜头画面时，利用玻璃窗的反射，窗外的灯火通明和窗内的暗淡无光形成了鲜明的对比，窗外和窗内的环境在玻璃的反射下得以相互叠加、融合。敏敏仿佛被两个世界所包围，所困扰，甚至所捆绑，空间的分割、疏离与内心情感的撕扯及绝望相呼应。窗内外的世界不同，却都让敏敏感到无所适从。都市环境下的人，究竟在忙碌些什么呢？日复一日地重复着日常琐碎的工作，在工作和家庭间来回不断地周旋着，又究竟得到了什么呢？中年的敏敏，在母亲昏迷后突然间发现自己只是在不断地复制着前一天的生活，索然无味。而导演以接近一分半的长镜头，淡淡地表现着正经历着巨大改变的敏敏的内心。此外，导演以近乎一致的景别以及拍摄方式记录了胖子与莉莉、婷婷的约会。在快餐店外玻璃的反射下，人物形象被模糊化，失去了其特性。来往的人群，被消费的快餐，固定的座位，所有的事物仿佛只是一个标志，一个符号。对于胖子来说，不论是婷婷还是莉莉，都只是身边的陪伴者，在同样的地方做着同样的事情，经历着同样的情感。或者说，婷婷只是莉莉短暂的代替品，他们之间的爱情本就如玻璃窗一样脆弱。而云云和小舅在咖啡厅的碰面以及阿瑞在宾馆中的失声痛哭也都以玻璃反射的镜像方式呈现。由此可见，影片中的所有人，几乎被束缚在这一无形的玻璃世界中却浑然不知。玻璃的镜像是都市的影子，人与人、人与都市的关系由此得以展现。

三、结语

杨德昌的电影《一一》中充斥着理性的表达与冷静的叙述，他将视线集中于台北，并暴露出台北都市里人们内心的种种情绪。影片中“婚礼”“婴儿满月”“葬礼”三个阶段，无形中概括了每个人的一生。导演将庞大的社会视野纳入一个家庭，不忧不伤地告诉观者关于人生、关于爱情、关于道德的困惑，人生中一切的欲望、谎言、失落、痛苦、迷茫也都暴露无遗。杨德昌客观的镜头语言、近乎白描的记录手法，使得影片平淡真实又意境深远，言虽尽而留予人思考。

寻父之旅

——浅析《雾中风景》

□ 邓雨晨

这是一个关于两个孩童的故事，一个关于寻父的故事，也是一个关于成长的故事。以父之名，15岁的伍拉带着弟弟亚历山大从希腊出发，鼓足了全身的力气和勇气，一次又一次踏上前往德国的列车。而他们寻找的“父亲”究竟在何处，他们的目的地又究竟在何方，无人知晓，或许这是一段没有尽头的旅行，是一个没有结局的故事。这一次，“希腊电影之父”导演安哲罗普洛斯真正想要讲述的，是关于全人类的“父亲”——上帝的故事，关于对人类精神追寻的终极考验。

1988年的《雾中风景》，是安哲罗普斯“沉默三部曲”中的最后一部，其余两部为《尤利西斯的生命之旅》和《养蜂人》，三者都是公路电影。公路电影原型源于古希腊史诗《奥德赛》。跟以尤利西斯历尽劫难而全家团聚而收场的《奥德赛》不同的是，三部曲结局表现的是导演对旅途终点的悲观情绪。“寻找是公路片的主题。《巴西车站》里老妇人带着小男孩儿寻找父亲，《得克萨斯的巴黎》中父亲带着儿子寻找母亲，这些没有终点的旅程，非常空虚，接连的失望和纷杂的感受，甚至让他们模糊了初衷。路上可以分神的东西实在太多。《雾中风景》的结局，父亲其实已经不重要了，重要的是旅途本身。”

在西方，有一个共有的父亲，就是上帝，祂创造了世间万物，创造了“有灵的活人”。人类诞生于迷雾之中，又因为亚当、夏娃偷食禁果而被赶出伊甸园而分散。从此，回归于父亲的乐园，获得永世的快乐，成了人类一直以来的愿望。而在电影中，寻找失去联络的父亲，寻找雾中风景，也就是人类寻找上帝、渴望回到诞生之地的隐喻。影片伊始，姐姐在黑暗中为弟弟背诵《圣经·创世纪》：“一开始有些混沌，后来就有了光，然后光和黑暗就分开了……”随着母亲的推门，光线一点点从门缝中透进，观者也一点点走进他们的故事。显然，导演早已在暗示观者，这不仅仅是一个寻父的远行，还是一个与人类起源相关的故事。因此，寻父的含义也就丰富起来。

寻找父亲的过程，亦是寻乡的过程，而这一过程注定是充满坎坷的。两个刚刚离开母亲的孩子，身无分文，无所依靠，他们一点点地接触这个全新的世界，他们是如此无畏，又是如此稚嫩。伍拉带着年幼的弟弟，慢慢告别过去的自己，成长为一个大人，承担起了所有责任。这一路上，她遭受凌辱，遇到初恋，告别了懵懂的自己，甚至学会了用自己的身体去换取回家的车票，她已经迅速懂得成人世界的游戏规则。而一直被保护的弟弟，也有着和他年龄不符的少年志成。一个5岁的小男孩儿，竟然没有因为饿肚子而不满哭诉，而是井井有条地靠清理一桌又一桌狼藉来换取一个三明治。面对前来演奏的流浪小提琴手，他也表现出了一份令人尊敬的绅士风度——放下手中的活儿，静静地聆听，真诚地鼓掌。这是一次艰难的旅程，他们在努力坚持着，却又在不断失去这个年龄不该舍弃的，得到这个年龄不该拥有的，世界在逼迫他们走向独立和成熟。

一路上，姐弟俩所感受到的是社会的残酷、人情的冷漠、世间的凄凉，直到奥瑞斯提斯的出现，为影片增添了一丝暖意。然而对于奥瑞斯提斯来说，由于剧团经营困难甚至面临解体的现状，也不能给予姐弟的过多的帮助。事实上，在某种程度上他们的处境是相似的。他们都是失去"父亲"的孩子，都在迷茫的旅途中不问归期。伍拉姐弟被真实世界的父亲抛弃，奥瑞斯提斯被唯一能提供生活来源的剧团抛弃，而在影像中，导演不止在一处展现了被生活抛弃却努力生存的人。孩子、疯子、同性恋，这些在常人看来失去理性和判断是非能力的人，却没有对生活失去希望，始终积极探寻着其他的出路，导演用镜头语言去表达他们的善意与纯粹。而那些所谓的正常人，却是最无情、最冷漠、最自私的。在伍拉遭遇强暴的那场戏中，苍白的色调、无声的挣扎、肢体动作的挣脱、亚历山大的呐喊，无一不表现了伍拉的悲剧色彩。不仅如此，卡车之外有另外两辆车的停留，他们代表了旁人，代表了"正常人"，他们对车内的暴行或许浑然不知，或许熟视无睹，或许漠不关心。人烟稀少的公路旁，荒凉无人的田野边，相比自然环境，仅有的求助力量的冷漠无情或许更令人害怕，他们是漠然的生活本身的代表。纵观整部电影，漠然的远远不止这些路人，不愿承担责任的舅舅、为完成任务的列车长、夺去伍拉童贞的司机、不愿给予三明治的老板……温暖与无情、善良与罪恶之间形成鲜明的对比，使"正常人"在这个混乱又无序的世界中显得无比荒谬。

有影评人说："场面调度常常让人想起布莱希特清晰和近乎礼拜仪式的线条。"影片中大量长镜头的使用，不仅展现了导演深沉隽永的个人风格，更是在简洁、明了的画面中带给观者一种"纯洁性"的观影感受。影片伊始，伍拉姐弟从夜色中迎着镜头跑来，短暂的对话过后,两人再次出发,向火车站跑去。进站,拐弯,犹豫,火车离开,留下伍拉姐弟的背影。导演用两个长镜头作为开场,用极简的语言和镜头营造姐弟俩引发的悬念和思考,也为接下来的剧情奠定了情感基础。看似简洁的表达,却已带动了观者的情绪。当奥瑞斯提斯带着他们来到荒凉却又有着勃勃生机的海岸边时,镜头从左至右呈环形移动,一个又一个戏剧演员依次出现,他们大多已白发苍苍,却不失对生活的追求和对戏剧的热爱。可惜,生活和戏剧并没有给予他们过多机会。即便如此,他们仍想抓住最后一丝希望。伍拉姐弟在一旁默默看着这一切,无能为力。他们何尝没有在戏剧演员身上看到自己的影子:不停地寻找,不停地尝试,不停地失败,却还坚持着。长镜头在这场戏中的作用不仅在于叙述故事,还在于营造真实感,使故事和叙述在情感上形成了巨大反差。这体现了"命运不可把握和改变"这种古希腊戏剧式的主题,展示了一种悲天悯人的情怀。

现代寓言以隐喻性的描述诉诸古典神话,对应的现代社会的情节表现现代社会的"异化",个人被混乱的社会力量裹挟而无法挣脱人类的宿命。安氏影片的象征、隐喻力量使其产生多层次的阐释空间,并置希腊、人类于深广的历史视域中,在真与幻的语境中体现深刻的人文关怀。对伍拉姐弟来说,这是一次寻父之旅,但对于希腊,对于整个欧洲来说,却是一次救赎之旅。另外,影片中有多次符号化意象的出现。影片前半部分,伍拉姐弟在举行婚礼的酒店外看到了一匹奄奄一息的白马,苦苦挣扎,却仍孤独地死去了。举行婚礼的人热热闹闹地离开了,亚历山大的痛哭和欢快的新婚音乐汇集在一起。婚礼预示着新生命的到来,老马代表着生命的结束,一来一去,暗示着生命的轮回。生老病死,这是人类无法决定和干预的自然法则，表达了无奈和无措。影片后半部分，奥瑞斯提斯独自一人眺望大海，一支断了食指的巨大塑料手缓缓从海平面升起。这不禁让人联想到影片之前提及的“时代变了”一说。时代变了，希腊过去灿烂而又辉煌的古典文化衰败了，取而代之的，是将那塑料手缓缓提起的冰冷的机械和操控着机械的冷漠无情的人。手的姿势好似想握紧什么难以得到的东西——这是一只掠夺的手、罪恶的手，却又是一只无奈的手。从一个角度看，这代表了现代人的贪婪和无情，为了自己的所需之物而不惜一切手段和代价。从另一个角度看，这代表了另一批较为弱小和势力单薄的人，他们也想努力得到，努力握紧些什么，却又被重重困境阻碍着。具体到影片中，或许就是伍拉姐弟和奥瑞斯提斯三人的理想与追求，他们此时此刻内心的无助与茫然，未知旅途上的重重阻碍和危险。影片末尾，响亮的喊声和枪声过后，只有一片黑暗，紧接着画面出现一团迷雾，然后便有了光。最后虚实难辨的姐弟俩，激发了观者的遐想：或许他们真的到了德国，在梦寐已久的国度，两人紧紧拥抱迷雾下的参天大树；或许他们逃脱了人世到了另外一个世界，一个安静美丽、没有悲伤和痛苦的天堂，那棵屹立的树，仿佛预示着伊甸园——那个人类诞生和最想要回归的地方——他们在永恒的美好国度获得了重生，在迷雾过后看到了渴望已久的风景。

奥瑞斯提斯曾对伍拉姐弟说：“你们可真奇怪，好像一点儿都不在乎时间，我知道你们在赶时间不是吗？感觉你们好像没有目的地，但是你们其实是有地方要去。你们知道自己要去哪儿吧？”世人都走在迷雾中，重重雾霭让他们难以前行，伍拉姐弟却在迷离中看到了“家”和“远方”。《雾中风景》的寻父情节让人思考家究竟在何方，这是导演对二战后人心的考问，对欧洲彷徨无措的提醒。

《小偷家族》:千疮百孔的美好瞬间

□ 邓雨晨

作为擅长处理家庭题材的导演,是枝裕和在《小偷家族》中给出了一个"乌托邦"式的家庭景观:五个没有血缘关系的社会个体,却以家庭的组织形式生活在一起。导演通过大量生活化的细节和场景,展现了其东方民族影像的美学风格,也揭露了社会个体的矛盾与无奈。

是枝裕和对现实生活始终保持着一种审慎的关注,其作品也有强烈的现实主义色彩,而《小偷家族》的灵感正来源于一则社会新闻——一家人因为行窃而被带上法庭,他们偷的物品中有钓鱼竿,而钓鱼是他们平时的爱好,这让是枝裕和感觉到"千疮百孔的生活中,也有美好瞬间"。不仅如此,他还根据日本的现状,在故事中加入了"养老金欺诈""诱拐儿童"等日本社会中尖锐的社会问题,从而让影片具有了社会性和真实感。和同样根据社会新闻改编的作品《无人知晓》相比,是枝裕和不再一味展现小人物的坚强或无奈,而将作品与社会现实更紧密地加以联系,以达到更强有力的批判作用,从而使得影片更具现实意义。

在《小偷家族》中,是枝裕和一如既往地延续了他特有的"带有一定温情的纪录片笔法”,用小故事勾勒出了影片复杂的人物关系。若干年前被前夫抛弃无儿无女的“奶奶”初枝、以“正当防卫”为由和情人柴田治一同将丈夫杀害的“妈妈”信代、女儿失踪两周都不报案的由里父母……影片中的每一个角色都有一段难以诉说的经历,而善恶交织的故事更能凸显人性真实的一面。导演坚持用日常生活中的细节片段来构成影像,似乎刻意回避拍摄那些激烈的外在冲突,却总能激起更强烈、有力的情感。“奶奶”在海边那句无声的“谢谢”,祥太对着车窗轻声唤出的“爸爸”,分别后的小凛孤独地在阳台上唱着信代教她的歌等,看似平凡的细节背后却暗藏着极强的心理活动和内心情感。

除了对生活细节的展现和刻画,是枝裕和还擅长用视听语言来表现人物间的情感。例如表达具有亲密感的人物时,是枝裕和会在镜头空间把主角的距离拉近,反之会拉远。由于“小偷家族”是一个没有血缘关系但具有家人情感的故事,所以是枝裕和选择将主角们在画面中重叠,给观众以影像上“他们非常亲密”的暗示;而在拍摄他们和“外人”的对话时,多用远景进行展现,比如信代和工友吵架时,他们彼此之间的距离非常远,表示彼此间的隔阂。另一个方法是利用朝向,比如亚纪和奶奶在餐厅吃饭,虽然和其他人在同一个大空间,但因为周围人的朝向与他们相背离,这就让奶奶和亚纪与周围人“隔绝”,从而凸显了他们彼此间的亲密。

光影技法是影片的另一大特色。和唯美的《海街日记》不同,《小偷家族》不仅采用了暗光调色,还采用了很多室内景,而这些场景往往也缺少光线。一方面是他们居住的环境本身较为黑暗;另一方面,也通过昏暗的光线暗示他们不能见光的职业,以及他们生活在整个社会所未关注之地的状态。影片中最明亮的场景是五人在海边的戏,在阳光的照耀下,每个人的轮廓都被清晰地显现着,然而这终究只是短暂的回忆,随着奶奶离开、祥太被捕等一系列事件的发生,光明不复存在。

影片中提到的著名儿童作家李奥尼的名作《小黑鱼》讲述了在汪洋的大海中,一条与众不同的小黑鱼在遭遇不幸后孤独地游荡并与生命抗争的故事。使用寓言增加了影片的思想性,传达出一种彼此守望的力量:处于弱势的个体汇聚在一起才能更好地对抗社会的吞噬,得以生存。小偷家族的成员们生活在社会底层,他们彼此没有血缘关系,看似是因为无法独立生活才聚在一起,但他们之间是有感情的,其感情甚至超乎了血缘关系。但导演没有一味表达爱、美好和善,在影片的后半部分,“家人”间各自的利益逐一被揭穿,比如其他成员会考虑“奶奶”的退休金,而由于阿治和信代生不出孩子,所以格外渴望有一个祥太这样的儿子,这使得影片的主题兼有人情和利益的复杂性。他们因为利益和感情聚集,而彼此的关系也同时因为利益和情感而维系。

《小偷家族》通过理性、克制的镜头语言,将对社会现实的思考、对小人物的观察、对家庭形式的思索包孕于看似日常化的叙事之中,用艺术的力量冲淡现实痛感的同时,也唤起观者温情的共鸣。

《青木瓜之味》:平凡人间的诗意化叙事

□ 刘诗晨

雕花镂空的木质门窗,流畅动听的器乐演奏,平淡无奇的只言片语,硕果累累的木瓜果树,汩汩流淌的木瓜汁液,蛙噪虫鸣的自然世界,承载思念的人物肖像,温文尔雅的东方女子……这一幅动人的生活画卷即陈英雄导演在影片《青木瓜之味》中为我们展现出来的。

作品于1993年上映,讲述了1951年越南西贡年仅十岁的小梅迫于生计到一户贩卖布料的人家做女佣的经历。这户人家有三男一女四个孩子,而女孩儿在出生不久就患病去世。小梅因为和死去的女孩儿很像,因而得到了女主人特别的关心和照顾。某天,大少爷的好友阿浩来做客,小梅穿上红裙,尽心地在饭桌上照顾他。十年后,碍于家庭的经济条件,同样也是为了小梅未来的生活着想,女主人把她送到了另一户人家。凑巧的是,这户人家的主人正是当年与小梅结下一面之缘、如今成为钢琴家的阿浩。未婚妻虽与阿浩门当户对,但她个性飞扬跋扈且不懂艺术,早已使阿浩厌恶。在随后如流水般的日子里,阿浩逐渐爱上了整日习惯于埋头做事、寡言少语的小梅,并最终选择与未婚妻解除婚约,和小梅走到了一起。

《青木瓜之味》作为陈英雄进军国际影坛的首部影片，在上映之初就获得了巨大的成功。该片于1993年荣获法国戛纳电影节“金摄影机奖”，并在同年得到了奥斯卡“最佳外语片奖”的提名。一直到今天，还不断有学者在研究着这部影片。那么，这部影片究竟好在什么地方呢？

一、情节流畅，人物塑造得当

本片在情节安排和叙事过程中，具有散文诗一般的流畅性，“形散而神不散”。在无关镜头的切换与故事的讲述中，安插着许多线索，同时也交代了许多背景。例如，影片提及贩卖布料人家的男主人经常带钱离家出走，然而家里的长辈不仅没有谴责他，反而批评女主人没有管好自己的丈夫，这体现出了20世纪中期越南重男轻女的传统思想依然较为盛行。再者，影片中不断插入宵禁的警笛声，表明了当时社会环境的不稳定性。影片出场的人不多，小梅作为主角，性格柔顺温和，坚忍而寡言少语。影片大量穿插小梅接触大自然的镜头，这是导演有意而为之，目的是借此塑造出一个心灵纯净美好的主人公。

二、色彩种类多，具有隐喻特征

青绿色的青木瓜作为意象在影片中多次出现。青绿色象征生命，是万物生长的标志。在东方文化中，绿色被赋予了清新、淡雅的意味。大量运用青绿色意象，影片是要突出清新质朴的风格，同时也含蓄地表达出对于尘世喧嚣的反感。再加上一些陶俑的入画，让影片有了几分禅意，从而显得更加超凡脱俗。影片的总体色彩以冷色为主，家具、门窗、街道以灰色和褐色为主，人物的服装以灰色、白色和青绿色为主。色彩处理体现出不安定的社会背景，以及妇女儿童社会地位普遍不高的历史状况，展现了殖民时期越南人顺从的特质。当然，色彩也能直观地体现一个人内心的情感。例如，儿时穿上一身红色衣服来服特阿浩，长大后在阿浩家做佣人时涂抹口红，都体现出了小梅的爱美之心以及内心的喜悦与激动之情，同时也为影片最后阿浩放弃未婚妻选择小梅的剧情埋下了伏笔。影片结尾正面拍摄坐着的怀孕的小梅时，色调是温暖的金色。代表着光明的金色使人心境平和，给人以安稳之感，借此衬托出小梅的幸福生活。

三、配乐丰富，烘托效果明显

影片的配乐大致以片中“十年后”章节开始为分界点，前半部分主要以笛子、小提琴等乐器为主，后半部分则主要以钢琴配乐为主。前半部分给人以压抑、沉闷之感，使影片的节奏进一步放慢；而后半部分则加快了节奏，灵动的旋律烘托出人物内心情感的真挚与热烈。值得玩味的是，影片创造性地加入了打击乐这一听觉元素，不仅起到了增加叙事效果的作用，还发挥着调控影片叙事节奏的功能。同时，影片还运用了大量音响特效，特别是模拟大自然的虫鸣蛙噪，不仅增加了银幕的真实感，渲染了画面的氛围，也打破了画面边框，扩充了银幕承载的信息量，还塑造了小梅柔和温顺的性格，表达出她平和恬淡的心境。

四、镜头语言别出心裁，画面唯美

影片对白极少，小梅的表演在多数时候都是通过神态和动作来展现的，再加上运用了许多堪称优美的镜头语言，影片有着如散文诗般流畅而又富有诗意的美感。影片没有过多依靠镜头的衔接与组合，而是频繁使用单镜头，通过单镜头的相互叠加，使得景深的大小、音乐、旁白都自然地组接在了一起。又如影片结尾，画面为一幅女子半身画像，接着逐渐虚化，镜头横向移动，模糊的画面中夹杂着一丝明亮的光。随后，隐约出现屋内色彩斑斓的陈设，光线柔和，温暖人心，画外还同时飘来小梅的读书声，并伴有阿浩动听的琴声。画面接着切到穿着黄色旗袍的小梅身上，她坐在椅子上向我们朗读着，话外的琴声依旧在打动着每一个人的心。随后，画面捕捉到阿浩弹琴的瞬间，再次模糊，镜头又一次追随远方的景物。最后，画面清晰起来，在小梅安详地睡着时，镜头又逐渐上摇。

影片最令人印象深刻的莫过于反复出现“窗户”这个意象。陈英雄导演曾经说过：“你在窗户里面看我，我在窗户外面看你。”窗户即一个重要的媒介，它不仅连接着小梅与大自然，也是小梅与阿浩之间心灵感应的平台。小梅打开的窗好比她的内心，这能够让她活得更加快乐。此外，影片中的窗户多为东方传统的窗框，透过窗来拍屋里，具有一种类似于《小城之春》独特的雅韵和雅趣。在窗外拍摄室内，视野更加开阔，能够更好地展现出人物的场面走位与调度。

五、结语

越南在近现代承受了战争和动乱的重负，甚至还遭受了殖民统治的蹂躏，但越南人民始终没有放弃对自由与安宁的追求。陈英雄执导的这部《青木瓜之味》就是以这样一个时代背景展开讲述的。而这部电影的可贵之处在于它通过诗意化的表达淡化了对时代的控诉，进而用更加清新质朴的叙事方式寄托出越南人民对于美好生活的憧憬与向往。这种电影叙事手法，在中国20世纪40年代的电影代表作《小城之春》中也有体现。陈英雄导演将欧洲先进的电影创作理论应用于充满东方传统风格的影片拍摄过程中，继而获得了巨大的成功。这对于当代中国的电影工作者来说，也是值得借鉴和效法的。

边地朴实生活的诗意化表达

——评析少数民族电影《米花之味》

□ 刘诗晨

《米花之味》讲述了云南省临沧市沧源傣族聚居区一个外出务工的母亲叶喃返回家乡后与女儿喃杭之间因生疏产生一系列矛盾，磨合之后母女关系恢复如初的温暖故事。影片展现了留守儿童、母女亲情、民族风俗、返乡群体等多种元素，描绘出边疆少数民族地区乡村振兴的希望，也反映出其在发展过程中面临的社会与自然生存环境的困境。

从表面来看，影片讲述的是乡村中有关留守儿童成长的故事，然而如同大多数中国传统电影一样，《米花之味》带有鲜明的“隐忍克制”的特点，留守儿童的成长只作为电影营造母女情感冲突的戏剧张力，而城市与乡村、传统与现代观念的冲突和碰撞，才是其层次丰富的内在底蕴。影片结尾，母女二人在溶洞共舞的超现实表达方式，更是引发了观影者对于“什么是人类最本真的追求”的思考与探索。

本文将试着从主题思想、叙事方式、文化内涵三个层面，结合现实主义题材、叙事话语功能以及新世纪少数民族电影变化趋势等研究角度，深入分析影片《米花之味》。

一、现实主义题材，主题见微知著

作为一部台词不多的影片，《米花之味》在细节层面的刻画算得上细腻而深刻。在喃湘露生病之前（可以称之为影片的前半部分），叶喃与喃杭这对母女之间的矛盾不断激化。例如叶喃回家的第一天夜里，她来到女儿的房间，本想送女儿一个地球仪，和她聊会儿天，然而女儿却躲在被子里，不肯伸出头来。叶喃连续说了好几句话，女儿都没有反应，最后只是小声地说了一句“还是听声音好一点儿”。这句话直接戳中了母亲叶喃的内心，在影片开头就深刻地表达了因长期缺失母爱而导致的母女之间的隔阂。

再者，之后的某一天下午，叶喃开车到学校接喃杭回家。叶喃叫喃杭的名字，喃杭却不搭理，只顾着和她的朋友聊天，直到叶喃说“喃杭，你不认得我了”的时候，喃杭才转过头看着自己的母亲。在得知母亲要接自己回家后，喃杭立马把头转了回去，对自己的小伙伴说：“她接我回家。”一句“你认不得我了”，一个“她”字，也能体现出此时的喃杭还是不太认可自己的母亲，不太能接受这份迟到的母爱。

《米花之味》在细节上的出彩之处不仅在于其精练的台词对白上，还体现在人物的动作上。例如在目睹了喃杭的种种恶习，对她多次教育无果之后，失望的叶喃决定回城里继续打拼。然而，她依然放不下女儿，走之前还到学校来看她。当她开车开到村口公路上时，看到她回村遇见的那个小女孩儿依旧在公路上向汽车司机兜售鸡蛋，她深受触动，留下了泪水。她不想让自己的女儿像这个小女孩儿一样，一辈子走不出乡村，一辈子走不出大山，一辈子都在为自己的温饱而发愁。虽然影片没有交代她回村的部分，但接着她出现在了目睹了喃湘露的死亡之后麻木又空洞的喃杭身边，这就表明了她的选择——继续留在村里，陪伴女儿喃杭成长。而从此刻开始，母女俩关系也开始好转，喃杭逐渐接受了叶喃给予她的迟到的母爱。

《米花之味》通过展现一连串极具生活气息的傣族村寨日常细节见微知著，体现了母女关系的修复，展现了传统农村是否应该全面步入现代文明的困境。

二、调动叙事话语功能，纪实性特征明显

《米花之味》的影像表达具有明显的诗意化特征，整部影片的故事情节衔接得很自然，表达非常流畅。一部好的电影，必须要让观众经历一个激烈事件。《米花之味》讲述母女重聚后的隔阂（冲突的产生与激化），之后又因女儿朋友的离世而母女关系修补（冲突的解决）的故事，结构比较简单，淡化了矛盾冲突的戏剧性展现，却积极调动了影片的叙事话语功能，将生活纪实与艺术创作融为一体。

舞蹈是傣族常见的一种活动形式，影片中多次出现舞蹈的场景，与实际生活中的傣族舞蹈基本相同，这就是纪实风格的展现。然而，把这些舞蹈场景放到影片的哪些地方，这便是艺术上的创造。舞蹈是一种动作艺术。有时候言语是无法充分表达出内心复杂的思想斗争的，而作为动作艺术的舞蹈，却能够超过言语的表现力，直抵人们内心深处。影片开头部分，喃杭与喃湘露在村民面前跳的印度舞，即村寨组织的具有商业目的的活动，显得格格不入。这是对现实社会追求商业价值而过度开发旅游资源的盲目与社会环境浮躁的批判。而影片后半段，叶喃两次跳起了传统的傣族舞蹈，则是

对母女之间感情逐渐修复的一种表达。特别是结尾,母女俩在溶洞中,面对高高的佛像一同翩翩起舞,更是对情感的一种升华。这种升华是朴素而又庄严的,它表达出导演的一种观点,即民族文化需要坚守,需要回归。

三、“作者电影”风格突出,少数民族电影具小情节化趋向

法国新浪潮电影运动的代表导演特吕弗提出了世界电影史上重要的观点,即“作者电影”理论。其核心主要是“强调电影是一种个人的艺术,导演是一部影片的真正作者,作者电影中的摄像机就像‘自来水笔’,导演应当完全根据自己的构思来创作和描绘具有个人风格的影片,并在他的一系列电影中保持风格的统一性”。毫无疑问,《米花之味》是一部作者电影,它融合了导演自身的情感体验。“导演鹏飞自身留学归来与故土亲人微妙的情感疏离是一种创作的内驱力,在云南傣寨的亲身体验使这种情感内驱力具象化为以母女情感为主要线索的傣寨故事。”因此,这就使得《米花之味》这部影片具有很明显的纪实美学特征以及浓厚的人文关怀。

《米花之味》是一部少数民族题材影片。21世纪以来,少数民族电影的创作主体和叙事策略都发生了深刻变化。“以影片叙事而言,在以往整体节奏较快且富有商业气质的‘大情节电影’之外,更多弱戏剧性的‘小情节电影’涌现,成就了新的少数民族电影风格与群落。”所谓“小情节”,即指对具有标准矛盾冲突的大情节“进行精炼、浓缩、删节和修剪”,它的表现有“开放式结局”“内在冲突”“多重主人公”和“被动主人公”。《米花之味》没有传统意义上强烈的戏剧冲突,属于小情节电影。论其原因,一方面是其具有“作者电影”的风

格，导演把控了影片的基调；更深层次的原因是，新世纪的少数民族电影着力摆脱“十七年”电影的传奇叙事，从而选择反其道而行之。

《米花之味》在展现留守儿童生活时，呈现出的积极向上的正能量令人耳目一新，也给同类文艺片一个启示：略显灰暗的主题也能用温馨明快的色调渲染，从而呈现出层次更多元、内涵更丰富的乡村现实图景。

米花，食之有味，回味弥香。《米花之味》是朴实而又真挚的。在社会高速发展的今天，慢下来思索，你会发现《米花之味》带来的感动历久弥新。

第二篇

“教授午餐会”感言

“食”听盛宴

——小记“教授午餐会”

□ 邓楠宁

教授、博导、大人物，要和我共进午餐？我吃相不好怎么办？我不会说话怎么办？我该保持怎样得体的表情啊？教授会不会很凶，不会要骂人吧？

在参加“教授午餐会”之前，我这个大一新生在脑海中演绎了八十集电视剧的戏剧场面，该剧名叫《心有猛虎，仰望天空》……

我也是后来才知道禾丰楼二楼还有包间的，有像会议桌的餐桌，有花纹繁复而且有厚重感的窗帘、靠背软座，空调温度有点儿低，安静、清爽且适合交谈。这就是“教授午餐会”阵地的大致面貌。我曾有幸数次在这里跟文学院教授一起共享午餐。

似乎女教授获得的景仰含有更多敬佩的成分，她们受到家庭的牵制更多，却还要在事业上争个一席之地，艰难却充满韧性。我第一次见到曾利君教授就是在午餐会上。她是一名我们在大街上看到都会觉得很有气质涵养的女性。刚坐下，她就和大家寒暄，没有架子，也不谈有关学习学术的问题。我看到同学们的身子开始放松，嘴角开始扬起淡淡的弧度来。

“曾老师，听说您出版了好几部专著。”一位同学说道。“早几年尝试写过一些书，但是后来就很少写啦，我是觉得写书要靠天分的，这件事情是不能强迫去做的。”曾教授笑笑，脸上一派云淡风轻。大家倍感惊奇，教授多厉害呀，还可以写不出来啊？不过曾老师的话像是落在了我的心坎儿里。拿我自己来说，尽管现在学的中文，但是写文章已不再有高中乃至初中的灵气了。前几年也拿过一些省级、国家级的作文奖项，然而近来却愈发难下笔，怕写也难写。写作这件事，对中文系的学生来说可算是一个十分具体的问题了，可我担心的还有另一个更具体的问题——中文系的人越学越不会写了。

我慢慢吸着勺里的汤，耳边漾着老师的言语，只觉得越发平和。是的，何必想那么多，一颗淡然的心总会不经意间记录生活中值得记录的点滴，我们所学的东西总会转为能量被自己的身体吸收然后释放，最后在情绪翻飞中化为文字流泻于指尖。无须华丽辞藻的堆砌，亦不必故作深情的呻吟，到了一定的程度，自然就显示出了返璞归真的精妙来。

“老师，经过事先对您的了解，您似乎很关注女性话题？”我放下了筷子，耳朵竖了起来。“我前几年有写过这个方面的文章，近来女权运动在世界也越来越热，但我不是一个女权主义者。”曾教授淡淡地笑着说道，“女权主义源自西方，翻译理解成一个主要以女性经验为来源与动机的社会理论与政治运动。坦白说我对‘女权’知之甚少，主要理解为男女平等而已。男女平等谁不想呢？现在国内部分地区重男轻女的观念也还存活着，前段时间大热的电视剧《都挺好》对此也有涉及，还在网络媒体上引起了广泛的讨论。在有关财产继承、就业、家庭等问题上，女性的压力更大，面对不公正待遇的时候更多。作为一个女生,我当然渴望男女平等,很多时候女生的能力并不比男生弱,只是总有一个无形的框架在那里,让人感到无奈乃至愤懑。但我倒是觉得讲女权不如先讲性别分析,相对于'女权主义','女性主义'并没有本质的区别,而更像是一个认识的深化,更'平易近人'一些。人,不要总是那么激进,理性的认识、清晰的思考更为重要。社会性的运动一兴起,乍一听很符合自己的理想,但还是要追根溯源,要看与自己真正的人生诉求是否契合。女性主义实现的方式有很多,至于具体的操作,那还得看个人、群体的处理,然而不可否认这将会是一个长期的过程。"

学生会成员的身份为我和之后的"教授午餐会"又搭起了一架桥梁——我不只是一个参与者,更是组织者。

我必须将所有午餐会的步骤烂熟于心——前一周联系老师,联系包间,联系同学,联系文学院媒体,会前收集问题,会后整理文稿……一系列的工作紧凑,富于挑战。一场又一场"教授午餐会"的完美落幕,伴随着我所有的收获汇聚成心满意足。

我们后来邀请了文学院院长王本朝教授,他学术成果丰硕,人品作风备受师生尊崇,他还是我的科任老师。

不管是在教室里还是在餐桌边,王老师似乎都是一个样——时常微笑、谈吐风趣,配合着"川普",让同学们倍感亲切。"我大学读了800本书啊!"我尤其记得这句话。王老师谈起书本时候眉飞色舞,下颌会微微抬起。"要说我们中文系的学生和别的同学最大的差别就是我们读书多啊!同学们,一定要多读书啊!"博士生导师、文学院的灵魂人物,在面对我们这群本科生时,谈的不是"经典"的"好好学习""刻苦钻研",而是我们容易做到的,易于接受的,近乎朴实的——多读书。

我不禁想到我上王老师现代文学史课时他的神态举止：眉紧蹙，目微瞪，紧握一支笔，踌躇着该写不该写。说白了，好多时候我压根儿听不懂，是全神贯注、身心投入之后的不懂。这原因想来除了生活经验过少之外还有书籍“阅历”太浅，终究还是“道行”不够啊！

王院长还和我们分享了自己的一些人生经历。原来他大学毕业、硕士毕业，都有机会被分配到省级单位工作，可他只愿待在大学里学习深造，然后成为一名大学老师。“其实大学老师的待遇不如去那些单位哩，但是啊我不后悔嘛。”那时我觉得王院长仿佛一瞬间年轻了几十岁，和我们一样，是心中有梦的青年。王老师最后成为王院长，才识修养自不必说，那颗热忱的赤子之心更让我们在座的、同学振奋。他就像一个普通而忠厚的长者，并不讲什么大道理，只是分享一些自己的故事，让我们于无声处去细细体会和感悟。这就是“润物细无声”吧。

待午餐会结束我们走出去的时候，食堂大厅已经空无一人了，大灯关了，路上黑黢黢的，像小时候玩探险游戏时的场景。只不过这次有王院长这位“大牛”陪着，感觉很奇妙，心里暖洋洋的。

要我说，“教授午餐会”的实质就是一个窗口，让学生们能够拨开迷雾，明确自己的定位，让我们深化对大学的认识——大学其实很有趣，厉害的教授也很可爱；让我们深化对学习的认识——是自我奋斗的事业而非僵化模式的衍生物；让我们拥有新思维——成功的方式有很多，“大牛”以与众不同的方式来指点生活、学习迷津。

这些场“食”听盛宴，真是可遇而不可求。

一样的约饭，不一样的体验

□ 张冰涛

古有“暮春者，春服既成，冠者五六人，童子六七人，浴乎沂，风乎舞雩，咏而归”的闲适潇洒图，今有推杯换盏、促膝长谈的“教授午餐会”。一茶一饭间，思想的火花在一方小小的空间内激荡碰撞，茶饭的香气与睿智的言语相互交织，论道的乐趣莫过如此。

午餐会拉近的不仅是物理的身体距离，更是深邃的心灵距离。步入大学，意味着有了更多的自由，同时也需要自觉地督导自己。生活、学习的忙碌使得与老师的见面乃至畅谈变得奢侈，“教授午餐会”应时而生，为师生沟通联系提供了一个难得的契机和平台。闭上眼睛想想看：一室之内，师者居于中，童子十余人，环列而坐，身前杯盘井然有序，放下拘谨与不安，欣然交谈，好不痛快；内容可以是生活、学习上的琐事，也可以是学术上的疑惑不解，还可以是自己的有趣经历，无话不谈，无所不包。平日里，在路上的匆匆相逢，在课堂上的“隔空喊话”，如今在这里坐在一起谈天论地，评点古今，点滴之间心灵得到释放，感情得以升华，学问得以精进。

午餐会是古代优良学习传统的继承和发展，有助于良好学风的形成。我们比较向往孔子时代的学习方式，原因可能有自然闲适，有自由发展,更有思想启迪。这样的学习模式让学生充满了探索未知领域、思考学术命题的信心和勇气。短短一顿饭的时间或许在平日里毫不起眼,但在午餐会上也许可以在交谈中为学生打开一扇知识的大门,指明前行的方向,驱逐心头的阴霾,独立思考、敢于质疑的习惯终将在心底生根发芽。

午餐会是课堂的外化和延伸,让学习像穿衣吃饭一样成为生活的必需品。上了大学因为缺少家长和老师的监督,冲破桎梏的“小小鸟”们往往容易迷失方向,放松懈怠,学习貌似成了课堂的专属,课下只是想着吃什么、玩什么,学习变得无足轻重,被抛到脑后。在这种情况下,午餐会可以说是起到了矫正和点拨的作用,在吃饭的悠闲中帮助同学们树立自律的意识,学会在课下处处发问、时时思索,让学习像影子一样与自己形影不离,朝夕相处,从而脱离平庸,有意义地生活。

百闻不如一见。“教授午餐会”如春风拂面,似醴泉沁田,犹星辰耀眼:让讲台上下的老师和同学平等而亲切地面对面、心连心,畅所欲言,打破隔膜,架起沟通联系的桥梁;让所思所想尽情流露,纵横驰骋,不拘于时;更让大学生活摆脱苍白和单薄,变得轻盈立体,彩虹般绚烂,流水般深远……

与美学共餐

——记“教授午餐会”寇鹏程教授的言语

□ 向柯华

上学期报名的“教授午餐会”在星期天晚上发消息通知我了，有点儿兴奋，有正当理由不用去学院开会了，真好。百度一下寇教授，粗略仰望了大佬的简历，嗯，美学大佬。正好这学期新开设了“美学原理”。老实说，对于美学这种带有哲学意味的学科，我向来是没有天赋的。

“教授午餐会”有一个会前惯例：参加的同学准备好一个问题向大佬们请教。

我想了小半天，从脑子里搜刮出一个问题：“美学与文学有什么共通性吗？我们学习美学，对于我们在文学上的发展有什么帮助呢？”看似大而空泛的问题，其实就是我初涉美学的内心写照。

幸而寇教授并没有嫌弃这个问题的功利性，他并没有一开始就直接回答这个问题，而是从这一点将我们引入美学与文学交汇的领域，一个更广阔的空间：

“要说美学与文学的共通点，我们首先要弄清楚文学最核心的是什么，美学的核心精神是什么。其实文学和美学最大的共通点在于人,它们都是与人相关的学科,都是为了人而建立的。”

“文学记录根本的目的是超越,解释人怎样存在、怎样发展的问题。”

“人是两者研究的和被研究的永久的共同主体。”

“即使有的文学作品描写的是历史,记录的是当下,但是它仍然是为了未来而服务的。为什么呢?我们以史为鉴,前事不忘,后事之师也。学习历史不就是为了给未来提供能参考的基础吗?我们记录下现实生活中的是与非,揭露现实的黑暗,讴歌现实的美好,不就是为了启蒙大众,超越过去吗?”

我从前以为,文学的核心在于思想的承载,在于精神的保留。我是师范生,语文老师的视角约束了我的眼界。仅仅从传承看待文学,还是肤浅了。

文学也是一门艺术,艺术的核心就是超越。

寇教授的一席话真的让我拨开云雾见青天。私以为,所有学科的核心精神都是启蒙未来,超越现在。超越真的很重要,逆水行舟不进则退。

美学的根本特性,是非功利性。人们学习美学,了解美,去培养审美意识和审美能力,这其实都只是为了愉悦人自己。

学习美学的选择权在我们自己,可以选择愉悦自己,也可以选择不。学习美学,其实没有非得去做这样一件事的必要性和压迫感,它是非功利的。

说到它的非功利性,我莫名想起了自己之前听到过的一个概念“唯美主义”。因为午餐会已经开始了,不方便再去查阅,且容我望文生义:只为美而美,只为美而欣赏美,从始至终地践行美学的非功利性。

那么，我又提出了一个问题："有没有唯美主义的文学作品存在呢？"

"其实如果问'××是否存在'的问题，就显得自己很无知。大千世界，万象万形，那么多的著作谁能保证自己能看完所有？毕竟只是说存在，就算你认为那个流派、那种观念是错误的，它未必不会出版。"寇鹏程教授十分睿智，他并没有正面回答我这个问题，但是从他的回答中我觉得他持有否定的观点。

人是美学和文学的共通处，但二者仍然存在很大的不同点。如果说美学是非功利的，那么文学创作皆带有一定的目的性，并且这种目的绝大多数时候都可以归纳成"超越"。

唯美主义的文学，按照我自己粗浅的理解，只是为了愉悦自己的身心而进行的创作。就像林语堂的小品文，放在时代里来看，与当时紧张的局面格格不入，好像那种幽默风趣只是为了愉悦自己，没有其他的政治上、经济上的目的性。也像沈从文的《边城》，乱世好动荡啊，但是跟我没关系，我就在老城里安稳平淡。

真的是这样的吗？

美学和文学都是为人的，他们的最终目的都是人的发展。其他的文学大概就是通过描写记录历史或者现实或者未来，来表达一种对人为何如此发展的反思或者人将来应该怎样发展的构想。我以为的唯美主义其实只是跳过了"通过"这一部分，直接进入了"人为何这样""人应该怎样"的总结。说是愉悦自己，那么是凭借什么来愉悦自己？即使只写些花草虫鱼，还是在借此表达自己的生活情调吧，归根结底逃不开人，而它只要逃不开人就不能算是纯粹的非功利性，因为它表达的都有一定的倾向。这个倾向就是对人的构想。

所以，美学的非功利性只存在于美学研究领域，而不能扩展到美学与文学的交界？是也，非也？

除此之外，根据其他同学的问题，也小记一下教授的言论。

“写论文一定要有问题意识，在没有疑问的地方存有疑问，留心青萍的微毫。”

“听讲座时的提问也是水平的表现。”

“尽管现在我们阅读的范围和种类很多、很广泛，但还是需要精读细读，每一学期至少也得有一两本值得反复翻阅的书。”

“知识建构要有一定的系统性。”

……

零七碎八记了一小篇，再看颇有读《论语》之感。不过和寇教授交流的过程中，我原本的思想有了变化，记录下来也分不清哪些是他说的，哪些是我所思。与美共餐，食来五味尽作美；与贤相谈，字里语外惧是贤。

后记

POSTSCRIPT

从我们倡导并身体力行地积极开展“教授午餐会”活动，已近四年了。近四年来，这个活动从未间断，应该说取得了理想的效果。这部学生文集就是学生们的收获之一。

感谢文学院参与“教授午餐会”的教授、副教授们，大家利用午餐时间与学生们交心谈心，诲人不倦。

感谢文学院本科生何治涛同学，他为本文集的初步编辑整理付出了大量的时间和精力，谨此鸣谢。

师生如何有效互动，如何真正落实全员、全方位、全过程育人，是一篇大文章，需要我们大家一起努力，且任重而道远。本文集从策划、选编到文稿自身，肯定还有诸多不足，恳请读者诸君海涵并不吝赐教。

王本朝　张春泉

2020年7月21日